책은 가장 조용하고 변함없는 친구다.

가장 다가가기 쉽고 가장 현명한 상담가며,

가장 인내심 많은 교사다.

-찰스 W.엘리엇(Charles W.Eliot 하버드대 최장수 총장)

배움은 어떻게 내 것이 되는가

노력의 결과에 대하여 더 나은 확신을 갖게 하는 힘

배움은 어떻게 내 것이 되는가

박성일 지음

모아북스
MOABOOKS

혁신교육의 확산과 더불어 배움에 대한 열의는 높아져가고 있습니다. 이 책은 다양한 교육적 경험과 인문학적 성찰의 결과물이며, 배움을 새롭게 생각해 볼 수 있는 기회를 제공하고 있습니다. 저자의 교육을 바라보는 시선에서 우리 교육의 방향성을 찾는 소중한 기회를 더 많은 사람들이 체험하기를 기대합니다.

장휘국 광주광역시교육청 교육감

현재 교육 현장은 학생의 '삶을 가꾸는 교육과정' 으로 학생이 배움을 주도적으로 설계하고 실천하는 미래 교육에 관심이 높아지고 있다. 이 책은 "배움은 어떻게 내 것이 되는가" 에 대한 진지한 물음과 함께 배움으로 미래 교육을 준비하고 있는 모든 이에게 훌륭한 안내자의 역할을 할 것이라 생각하며 수고하신 박성일 선생님께 축하의 박수를 보낸다.

김해숙 광주효덕초등학교 교장

30년 전 광주교육대학교에서 교사로서의 삶을 준비했던 제자의 책을 통해 교육에 대한 애정, 배움에 대한 깊은 고민 그리고 교육 현장 속에서 배움을 실천해가고 있는 아름다운 모습을 발견하게 됩니다. 이 책이 교육에 관심과 고민을 갖고 있는 많은 이들에게 배움이 어떻게 일어나며 어떻게 자기 것이 되는지를 함께 나눌 수 있는 선한 마중물이 되었으면 하는 바램을 가져봅니다.

최도성 광주교육대학교 총장

 저자의 삶을 통해 그 동안 내 자신의 배움과 성장을 어렵게 했던 것들에 대해 되돌아볼 수 있었다. 배움이 어렵거나 거창한 것이 아니며 얼마든지 배움을 통해 발전할 수 있음을 깨달을 수 있었으며 긍정과 희망에 찬 새 미래를 향해 한 걸음 내디딜 의지를 얻었다.

정수미 송정동초등학교 교무부장

이 책을 통해 배움에 대한 의미를 새롭게 알게 되었으며 그동안 내가 만나는 모든 것들로 인해 배움을 얻을 수 있었다. 미래를 살아가는 나의 자녀들에게도 배움의 지침서로 읽도록 해주고 싶다.

박재민 기아자동차 유달지점 과장

제목만으로도 많은 생각을 하게 해주며 그 동안 나의 배움의 태도를 되돌아볼 수 있는 계기가 되었다. 앞으로 대학 생활을 통해 지속적으로 배워야겠다는 생각을 갖게 한다.

박지수 경희대학교 학생

배움에 대한 아빠의 변함없는 열정을 지켜보며 존경스럽고, 한편으로는 그 열정이 부럽기도 하다. 많은 이들이 배움에 대해 다시 한 번 생각하게 할 수 있어 너무 기쁘다.

박은지 서울과학기술대학교 학생

배움에 대한 놀라운 걸작은 인문학적인 개념을 완벽하게 버무려냈다.

박상웅 교육연합뉴스 대표 | 발행인

돌아보니 교사로 아이들을 만나 생활한 지 벌써 30년에 가까워지고 있다. 교사가 된 첫 순간부터 아이들을 잘 가르쳐 그들이 훌륭히 성장하는 것을 가장 큰 목표로 삼고 열심히 교직 생활을 하였다.

나의 교직 생활은 늘 새로운 배움을 추구하는 과정이었다. 열심히 배우고 노력하다 보니 국가 지원으로 2년간 미국에서 유학할 수 있는 기회를 얻었다.

유학 기간 동안 세계 여러 나라 학생들과 함께 배우고, 생각을 나누면서 나의 배움을 확장할 수 있었다. 특히 발표와 토론 위주의 수업 문화, 학생들의 호기심 어린 자유스러운 질문과 교수의 열성적인 답변 등 배움을 바라보는 전반적인 관점을 재조명할 수 있었다.

이후에는 교육청에서 장학사로 근무하며 교육 행정으로 아이들을 지원하였다. 각 학교에 대한 교육 정책을 추진하면서 교육에 대한 이해를 넓혔다. 또한 다양한 연령대의 학교 구성원을 만나 소통하면서 어떤 맥락에 대한 공부가 필요한지도 느끼게 되었다.

교감으로 재직 시에는 학교 활동을 지원하고 현장의 목소리를 가깝게 들으며 배움에 대해 더욱 고민하고 성찰할 수 있었다. 학생들의 배움과 성장을 위해서 학교 문화를 어떻게 바꾸어야 하고 어떤 방향을 지향해야 하는지 직접 체험했다.

최근에는 한국교육개발원에 파견되어 교육관련 연구에 참여하며 현장과 다른 관점에서 교육을 생각해볼 수 있었다. 평소에 관심 있던 주제를 중심으로 관련 연구물을 읽어보고 개발원의 연구위원과 함께 공동 연구를 추진했다. 교육자로서 연구하고 실천해보니 우리 교육에 대해 모르는 것이 많이 있었다. 배움이 어떻게 내 것이 되는지 공부했던 시기였다.

이 책은 그동안의 폭 넓은 교육 경험, 연구와 성찰, 인문학적 독서를 통해 마주한 배움에 대한 생각들과 교육 현장에서의 배움의 중요성을 알고 어떻게 접근해야 하는지 연구하고 정리한 결과물이다. 배움에 관한 내 생각들이 교육을 이해하고 개선하는 데 도움이 되도록 많은 이야기를 함께 나눌 수 있기를 바란다.

이 책은 배움에 관한 우리의 생각을 저해하는 낡은 과거의 재생산과 이를 넘어 배움으로 미래 교육을 준비할 수 있는 대안을 함께 고민하는 마음으로 다음과 같이 구성했다.

1장 『배움을 배우다』는 배움이란 무엇인지에 대해 생각할 수 있는 내용으로 구성하였다.

위한 필수적인 역량이 필요한 시대에 질문, 관찰, 호기심, 상상력이 어떻게 연결되어 있는지 정리해 보았다.

2장 『배움을 키우다』에서는 배움을 키울 수 있는 요소를 담고 있다.

진정한 배움을 위해서는 배움을 방해하는 요소가 무엇인지 이해해야 한다. 또한 배움의 성장을 돕는 요소가 무엇인지 생각해봄으로써 배움이 성장으로 연결될 수 있는 방법을 정리해 보았다.

3장 『배움으로 창의성을 키우다』는 우리의 고정관념을 탈피하여 창의성을 신장시킬 수 있는 방법을 생각해보았다.

창의성은 시대를 불문하고 중요한 역량이지만 여전히 우리는 창의성이 부족하다고 생각하고 있다. 우리를 가두고 있는 고정된 생각에서 벗어나 배움으로 창의성을 키울 수 있도록 구성했다.

4장 「배움으로 미래를 준비 한다」에서는 미래를 대비하기 위해선 무엇을 공부해야 하는지 생각해보았다.

4차 산업혁명의 도래와 포스트 코로나 시대에 인간은 충분한 생존 능력을 가져야 한다. 생존에 필요한 능력과 태도는 오로지 경험과 학습을 통해서 얻을 수밖에 없다. 경험과 학습의 능동적 주체가 되어 배움의 궁극적인 지향점을 찾아야 미래를 위한 공부의 여정이 될 수 있음을 이야기했다.

이 책을 쓰면서 내 삶에서 만났던 수많은 배움의 기회를 놓치지 않고 지속적으로 성찰하고 연구했던 것이 지금의 나를 만들었다는 것을 알았다.

분명히 현장에서는 교육의 새로운 혁신을 위해서 노력하는 교사들이 많을 것이다. 이런 교사들의 노력 덕분에 언젠가 우리 교육의 방향도 매력적으로 바뀔 것이다. 나는 이 책이 학생들의 배움을 위서 노력하는 교사들에게 마중물이 되기를 바란다.

이 책은 현장 교원의 다양한 교육 경험을 인문학을 통해 성찰한 내용이기 때문에 다른 연구자들이 쓴 책보다는 훨씬 공감을 줄 것이다.

또한 알면서도 생각하지 못했거나 실행하지 못한 관습화된 배움의 방법들을 다시 한 번 자신을 성찰하고 되돌아보는 계기를 분명히해 줄 것이다.

아무쪼록 이 글이 교육에 관심 있는 모든 사람들에게 널리 읽혀 배움을 통해 뉴노멀New Normal시대에도 변하지 않는 교육의 본질을 다시 한 번 생각해보았으면 한다.

이 책이 나오기까지 많은 분이 함께해 주셨다. 지금까지 나와 이야기를 나누어주었던 선생님들, 개발원 연구원님들의 도움이 없었더라면 이 책은 나오기 어려웠을 것이다. 그리고 책이 완성되기까지 마음을 조이며 함께 문장을 다듬고 기다려준 출판사 여러분에게도 감사한다.

무엇보다도 자유롭게 글을 쓸 수 있도록 배려해주고, 함께 교육적 고민을 나누어 준 아내 현주에게 고마운 마음을 전한다. 책이 나올 수 있도록 멀리서 격려와 지원을 해주신 모든 가족의 고마운 마음 잊을 수가 없다.

부족한 책이지만 배움을 고민하고 실천하고자 하는 많은 분에게 이·책이 조금이라도 도움이 되길 바란다.

　끝으로 남편을 여의고 어려운 형편 속에서 홀로 다섯 자녀를
키우면서도, 우리에게 배움의 기회를 주신 어머님, 94세 정사례
여사께 사랑과 감사의 마음을 올린다.

박성일

(차례)

배움을
배우다

배움을
키우다

3장
배움으로
창의성을 키우다

4장
배움으로
미래를 준비한다

1장

배움을
배우다

배움은
질문이다

독일의 철학자 하이데거Heidegger는 "낯선 것과의 조우를 통해 이성이 시작된다"라고 했다. 여기서 낯섦은 새로운 것을 의미한다. 자신 주변의 익숙한 것들에 둘러싸여 있으면 새로운 생각은 일어나지 않는다. 일상에서 습관처럼 반복되는 말이나 행동 속에서는 새로움을 발견할 수가 없다. 익숙하지 않는 '낯섦'을 만나게 되면 바로 그 순간 우리의 생각은 새롭게 깨어날 수 있다. '낯섦'을 통해 생긴 새로운 생각은 우리에게 질문을 하게 하고, 그 질문의 해답을 찾는 과정에 배움이 있다.

배움이란 무엇인가?

'학문'의 사전적인 의미는 어떤 분야를 배우고 익힌다는 의미다. 학문學問을 한자로 해석해보면 '배울 학學'과 '물을 문問'을 의미한다. 학문을 한다는 것은 '묻기를 배운다는 의미'다. 묻기를 배운다는 것은 자신이 모르는 것을 물어서 배운다는 뜻이다. 배움의 시작은 묻는 데서 시작되고, 배움의 과정에서 또 다른 물음으로 지속적으로 나아간다. 배움은 끝이 없는 질문의 연속인 것이다.

우리는 왜 질문하기를 어려워하는가?

한국 대학생의 학습과정 분석 연구사례한국교육개발원 보고서에서 언급된 질문이 사라진 교실의 한 장면이다.

교수님이 조용히 칠판에 글을 쓰기 시작합니다. 질문요? 당연히 없죠. 학생들이 할 일은 그저 수업 시간 내내 칠판에 적힌 내용을 옮겨 적고 교수님 설명을 듣는 것뿐입니다. 고교 수업 방식과 다르지 않아요. 이곳이 대학 강의실이라는 사실이 믿기지 않아요. 초등학교 때부터 익숙한 방식이라서 그럴까요.

-한국교육개발원보고서(2010)-

위의 상황은 한국의 대학 강의실에서 흔히 볼 수 있다.

한국일보에서 질문 없는 현주소를 알아보기 위해 전국 초·중·고 교사 1,000명을 대상으로 설문 조사를 진행했는데, 교사 91%는 '교육을 위해 활발한 질문이 중요하다' 라는데 동의했다. 그러나 절반 이상51%의 교사가 학생들이 전반적으로 질문을 통한 수업 참여에 소극적이라고 답했다. 학생들의 질문이 교육 효과를 높인다는 것을 알고 있지만 실제 교실의 상황은 다르게 흘러가고 있다.

우리의 질문 문화를 보여주는 유명한 장면이 있다. 우리나라가 주최했던 G20 폐막 기자회견장에서 미국의 대통령 버락 오바마는 우리나라의 훌륭한 주최에 대한 예우 차원에서 마지막 질문의 기회를 한국 기자에게 주었다. 그런데 그 많은 한국 기자들 중에서 단 한 명도 질문을 하지 않았다. 몇 번의 기회를 추가로 주었으나 계속되는 침묵으로 인해 결국 중국 기자에게 질문이 넘어갔다. 질문에 익숙하지 않은 우리의 현실을 단적으로 보여준 장면이다.

우리나라 속담에 "가만히 있으면 중간은 간다" 라는 말이 있다. 나서서 질문을 하기 보다는 가만히 듣고 있는 것이 좋다는 것을 은근히 담은 말이다. 모르는 것을 애써 아는 척하다가 무식이 탄로 날지 모르니 주의하라는 경고를 하는 셈이다. 이는 한국 사회 분위기를 단적으로 말해주고 있다.

우리나라는 질문에 익숙한 문화가 아니다. 우리나라 사람들 사이에는 질문하면 손해 본다, 질문을 하면 부끄럽다고 생각하는 경향이 팽배하다. 이러다 보니 질문을 꺼리게 되고, 질문하는 사람에게도 곱지 않는 시선을 보내게 된다.

교실 모습을 살펴보면, 흔히 질문은 '교사가 던지는 것'이다. 교육계에서는 이것을 발문이라고 하고, 교사의 발문을 매우 중요한 것으로 여긴다. 그래서 모든 수업의 중심에 교사의 질문을 최우선으로 놓고 수업을 계획해 왔다. 교사들이 그동안 작성해 왔던 수업안을 보더라도 교사의 발문과 학생의 답변이라는 이중 구조Teacher & Student, TC안로 되어 있다. 그래서 교사가 어떻게 하면 좋은 발문을 던져 학생의 사고력을 이끌어낼 수 있을지가 수업에서 핵심적인 내용 중의 하나였다.

교사의 발문을 위주로 한 수업 현장은 활발한 상호작용이 일어나는 것처럼 보이나 자세히 들여다보면 교사의 의도에 따라 미리 정해둔 방식으로 학생들이 정답을 찾도록 요구하는 획일적인 수업으로 흐르는 경우가 많으며 실상은 학생들이 자신의 질문보다는 교사의 질문에 정해진 정답만을 찾는 폐쇄적인 구조인 것이다.

이혁규의《수업, 비평의 눈으로 읽다》에서 언급한 교사와 학생의 담화에 관한 연구에서 시사점을 얻을 수 있다. 그 내용을 살펴보면, 교실에서의 상호작용은 '교사 발문 → 학생 답변 → 교사의 추가 발문'의 형태가 일반적이다. 즉 교사가 먼저 발문을 하면 학생들이 응답을 하는 형태다. 이런 구조에서는 교사가 발문을 하지 않으면 학생들 중 아무도 말하지 않게 된다. 이런 상황에서 학생들의 질문을 기대할 수 있을까?

다른 나라의 질문 문화는 어떨까?

중국에서는 공자孔子 사상에서 질문을 통한 배움의 중요성을 볼 수 있다. 《논어論語》 공야장公冶長 편에 보면 다음과 같은 이야기가 나온다.

자공子貢이 공자에게 물었다.

"공문자는 어찌하여 '문文'이라는 시호를 갖게 되었습니까?"

공자가 답했다.

"그는 민첩하면서 배우기를 좋아하며 자기보다 못한 사람에게 묻는 것을 부끄럽게 여기지 않았다不恥下問. 이 때문에 그를 문이라고 부른다".

공문자孔文子는 위衛나라의 대부 공어의 시호다. 시호는 보통 그 사람이 살아있을 때의 공적이나 덕행 등을 따져서 정해지는데 '문'이 들어간 것은 단계가 높은 시호다. 또한 하문下問의 하下는 자기보다 어린 사람, 학식이 자기보다 못한 사람이라고 생각할 수 있다. 위의 이야기에서 보는 것처럼 공자는 배움을 불치하문不恥下問이라고 했다. 이는 '아랫사람에게 묻는 것을 부끄럽게 여기지 않는다'는 말로, 모르는 것을 묻는 것은 신분이나 지위의 높고 낮음을 가리지 않고 부끄러울 것이 없다는 뜻이다.

이처럼 배움은 물음을 통해 완성되기 때문에 자기가 모르는 것이 있으면 기꺼이 물어볼 줄 알아야 한다. 배움은 묻기를 통해 완성되기에 하문을 부끄러워하지 않는 것에서 시작한다.

미국에는 "바보 같은 질문은 없다There is no stupid question"라는 속담이 있다. 미국인은 이 말을 어렸을 때부터 지속적으로 듣고 자란다. 미국에서 유학하던 시절 큰딸을 유치원에 보냈을 때 그 유치원에서는 쇼앤텔Show & Tell이라는 활동을 했다.

아이들이 집에서 자기 물건을 가져가서 보여주고 친구들이 그것에 대해 질문하면 답을 해주는 활동이다. 우리 아이가 자신이 좋아하는 인형을 가지고 가며 신나하던 모습이 눈에 선하다. 미국에서는 유치원에서부터 궁금한 것은 질문하는 교육이 이루어지고 있었다.

또 다른 예로 미국 교사들은 학생들이 질문을 격려하기 위하여 질문의 수준이나 내용에 관계없이 질문하는 학생들에게 보상으로 사탕이나 젤리를 하나씩 준다. 질문이 가장 왕성한 초등학교 시절에 다른 친구들이나 사람들 앞에서 질문하는 일에 대한 두려움을 없애고 용기를 길러주기 위해서다. 이런 교육을 받고 자란 학생들은 두려움 없이 자신의 호기심을 마음껏 질문으로 발산하면서 자라고 있다.

만약 미국의 교실을 방문할 기회가 있다면 우리와는 사뭇 다른 교실 현상을 목격하게 된다. 미국 교실을 보면 많은 학생들이 손을 들고 "저요 저요" 한다.

한국의 교실 문화에 익숙한 사람들은 학생들이 선생님의 질문에 대답을 하기 위해서 너도나도 손을 든다고 생각할 것이다. 그런데 잘 살펴보면 학생들이 자기가 궁금한 것을 질문하기 위해서 "저요 저요"를 한다. 학생들이 너도나도 질문을 하기 위해서 손을 들고 있는 것은 어릴 적부터 두려움 없이 질문하는 문화에서 자랐기 때문이다.

세계적인 혁신기업 아마존에서 가장 많이 듣는 말 중의 하나가 '바보 같은 질문 하나 해도 될까요?' 라고 한다. 아마존의 회의는 대부분이 질문과 답으로 이루어지고 회의 중에 누구나 이해가 가지 않는 부분이 있으면 언제든지 질문을 할 수 있다. 회의에 참여하는 사람들은 어떤 질문을 해도 질문자를 민망하게 하지 않는다. 잘 모르면서 질문하지 않고 있는 척하는 것이 아마존에서는 어리석은 짓이라고 생각한다.

누군가 바보같이 용감한 질문을 하는 것은 함께 알아 갈 수 있기 때문에 유익하고 소중하다고 생각하여 더욱 감사하게 여긴다. 질문 덕분에 함께 했던 사람들이 한 번 더 생각해볼 기회가 생기기 때문이다.

이런 아마존의 회의 문화는 아마도 학교시절부터 "바보 같은 질문은 없다"라는 생각으로 언제든지 모르는 것에 대한 질문을 권장하는 문화에서 비롯되지 않았나 생각한다.

다른 사람을 의식하지 않고 모르는 것, 더 알고 싶은 것이 있으면 누구나 언제든지 질문할 수 있는 문화. 이것이 바로 현재 아마존이 세계 최고의 기업으로 성장할 수 있었던 중요한 계기가 되었을 것이다.

《정의란 무엇인가》저자 마이클 샌델Michael J. Sandel의 '정의론' 수업 장면을 보면 우리 교육이 어떻게 바뀌어야 하는지 알 수 있다. 그의 강의는 질문식 수업으로 유명한데, 교수가 질문을 던지면 여기저기서 새로운 질문을 쏟아내는 학생들이 수업을 이끌어간다. 교수는 처음에는 질문을 유도하지만 나중에는 교수가 끼어들지 않아도 학생이 질문하고 학생이 답하면서 수업이 진행된다.

학생들이 능동성에 기반을 두고 서로 묻고 답하며 상호 토론하고 참여한다. 학생들이 지식의 피동적 수용자가 아니라 지식의 형성자 역할을 하는 것이다. 이렇게 보면 마이클 샌델의 수업은 질문 있는 교실을 잘 실천하고 있다고 볼 수 있다.

질문은 어떻게 배움이 되는가?

리처드 파인만

21세기의 위대한 과학자 리처드 파인만Richard Feynman, 미국의 물리학자이 쓴 《발견하는 즐거움》에 보면 파인만의 아버지가 질문을 어떻게 배움으로 연결했는지 알려주는 일화가 있다.

파인만의 아버지는 주말에는 파인만을 데리고 산으로 산책을 자주 갔다. 그러고는 산책을 하면서 많은 이야기를 해주었다. 아버지는 일상의 모든 상황에서 파인만이 스스로 질문하고 스스로 알아내게 했다. 가장 좋은 배움의 방법이 바로 파인만 스스로 알아내는 것이었다.

"너희 아버지는 아무것도 안 가르쳐주시는구나!"

아인슈타인 이후 최고 과학자로 꼽히는 리처드 파인만에게 친구들이 놀렸습니다. 숲속에 있는 새를 가리키며 "저게 무슨 새인지 알아?"라고 묻는 질문에 "모르겠다"고 대답했기 때문입니다. 친구는 "저건 갈색목개똥지바꿔라는 거야"라고 말했습니다.

그러나 아버지는 이렇게 말했습니다.

"저 새가 뭔지 아니? 저건 갈색목개똥지바꿔라고 하지. 포르투갈어로는 …, 이탈리아어로는 …, 중국어로는 …, 일본어로는 … 라고 한단다. 자, 이제 알고 싶은 언어로 저 새의 이름을 알았다. 그런데 이름을 다 알았다고 해도 너는 저 새에 대해 전혀 아는 것

발견하는 즐거움

이 없단다. 다른 곳에 사는 사람들이 저 새를 뭐라고 부르는지만 알게 된 거지. 자, 이제 저 새를 살펴보자. 왜 항상 깃털을 쪼는 걸까?"

그리고 깃털을 왜 쪼는지 함께 관찰했다. 새가 깃털을 쪼는 것은 깃털 속에 숨은 벼룩을 잡느라고 그런다는 것을 스스로 찾게 했다.

-리처드 파인만의 《발견하는 즐거움》중에서-

위의 이야기에서 보듯이 새의 이름을 외우는 것이 중요한 것이 아니라 끊임없이 "왜"라고 묻는 질문을 통해 해결해나가는 과정을 느끼게 해주어야 한다.

또한 무엇이든지 강요나 억압이 아니라 사랑이 깃든 대화를 통해 스스로 중요한 것이 무엇인지 배우게 하는 것이다.

또한 배움의 과정에서 학생들의 탐구 본능을 장려하며 교육하는 것이 중요하다. 여기서 탐구 능력이란 학생들의 질문을 멈추지 않게 하는 것이다. 학생들의 호기심은 나름의 존재 이유가 있다. 호기심이 있는 곳에 관찰이 이루어지고 관찰이 질문으로 이루어진다. 교육기관에서는 학생들의 '왜' 그리고 '어떻게'라는 질문으로 수업을 이끌도록 해야 한다. 질문을 해결하는 경험이 쌓이면 수업은 학생과 교사에게 매우 매력적인 배움의 과정이 될 수 있다.

모든 수업에서 교사는 교과서에 있는 내용을 그대로 말하는 학생보다는 교과서에 없는 것, 다른 사람이 보지 못한 내용, 다른 사람과 다르게 보는 내용을 말하는 학생에게 항상 주목해야 한다. 이런 문화가 지속되면 자연스럽게 학생들은 어떤 사물을 그저 바라만 보지 않을 것이다. 다른 사람과 다르게 보게 하고, 다른 사람이 보지 못한 것을 보게 하면 스스로 질문을 찾게 된다.

배움은 질문을 나누는 것

배움은 내 질문을 다른 사람과 나누는 것이다. 배움은 '왜?' 라는 질문에서 시작된다. 질문은 내 생각과 상대방의 생각을 교환하고 소통하면서 배움으로 자라게 된다.

세계적인 명문 학교들은 협력과 교류를 통한 배움에 주목하고 있다. 미국 동부 뉴햄프셔주에 있는 명문 사립고 필립스 엑스터 아카데미Phillips Exter Academy는 항상 최상위권을 놓치지 않는 것으로 유명하다.

페이스북의 창시자 마크 저커버그Mark Elliot Zuckerberg 등 수많은 인재를 배출했다. 이 학교에는 하크니스 테이블Harkness Table 이라는 특별한 공부법이 있다. 하크니스 테이블은 큰 원탁형 테이블로 어느 자리에 앉아도 서로의 얼굴을 볼 수 있어 자유롭게 서로의 의견을 나눌 수 있다.

필립스 엑스터 아카데미는 1930년대에 하크니스 테이블로 불리는 토론식 수업을 가장 먼저 실시한 학교이다. 그날의 수업을 미리 선생님으로부터 전달받아 예습하고 준비한 내용을 토대로 12명의 학생이 타원형의 책상에 둘러 앉아 토론하는 수업 방식이다. 교사는 토론 내용을 지켜본 후 토론이 마무리되면 강의를 시작한다.

이 수업으로 학생들은 수업 내용을 스스로 연구하고 준비하는 습관을 기를 수 있다. 엑스터 아카데미는 이 과정을 통해 아이들이 토론 문화에 익숙해지고 사회 생활에서 경쟁력을 키운다고 설명한다. 토론식 수업의 대명사가 된 하크니스 테이블에서는 수업에 참여한 모든 학생이 상대의 얼굴을 보며 토론할 수 있으며 모든 사람의 질문과 생각은 동등하다. 학생들이 스스로 생각하며 질문하며 자신의 생각을 갖는 것이다.

하크니스 테이블   필립스 엑스터 아카데미

이처럼 배움은 자신의 생각과 질문을 서로 교환하고 토론하는 과정에서 자라나게 된다. 자신이 경험해 보지 못한 것에 대한 질문과 생각을 다른 사람과 나누는 과정에서 새로운 것을 알게 된다. 배움의 재미는 질문과 생각의 공유로 새로운 것을 발견하는 재미다.

어떤 것이든 질문하는 것은 너무나 멋진 일이다. 유태인의 가정이나 학교에서 가장 많이 받는 질문 중의 하나가 "네 생각은 무엇이니?"라고 한다. 교사들은 학생들의 질문에 계속 집중하고, 학생들의 질문을 기반으로 답하고 토론하며 자신의 생각을 말하게 한다.

질문과 답변의 과정에서 학생들은 생각을 키우고 새로운 배움을 깨닫게 된다. 결국 질문은 학습의 시작이면서 동시에 배움의 시작이 된다.

배움은
관찰이다

"모든 지식은 관찰에서부터 시작된다. 우리는 세계를 정밀하게 관찰할 수 있어야 한다. 그래야 행동의 패턴을 구분해내고 패턴에서 원리를 추출해내고, 사물이 가진 특징에서 유사성을 이끌어내고 행위 모형을 창출해낼 수 있다."

- 로버트 루트번스타인, 미셸 루트번스타인의 《생각의 탄생》 중에서 -

이 문장은 관찰의 중요성을 나타낸 말로 수동적인 보기가 아닌 적극적인 관찰을 말한다. 그러나 적극적인 관찰은 쉽게 습득되지 않는다. 셜록 홈즈Sherlock Holmes가 "사람은 보기는 해도 관찰하지 않는다"라고 말한 것처럼, 일상생활 속 다양한 상황에서 우리는 보기만 하지 관찰을 하지는 않는다. 수동적인 보기와 능동적인 관찰은 분명한 차이가 있다.

'본다'는 것은 다음과 같이 3가지로 나누어 생각해 볼 수 있다.

첫째는 단지 보기만 하는 것이다. 본다는 것은 자기의 기준으로 상대방을 보는 행위다. 보는 것은 자신의 눈으로 들어오는 것을 수동적으로 보는 것이다. 노력이 필요하지 않고 그냥 눈으로 보는 것을 말한다. 눈의 망막에 맺히는 이미지들은 자동적으로 기록되기 때문에 이것은 관찰하고 있는 것처럼 여겨지지만 우리는 단지 보고 있을 뿐이다.

둘째는 살펴보기다. 살펴본다는 것은 단지 보는 것과 다르다. 의도적인 노력이 필요하다. 우리 주변의 자연 현상에서 호기심이 생기는 물건이나 사건이 있으면 우리는 자세히 살펴보고 싶어진다. 그래서 살펴보는 것은 사물이나 사건을 이해하려는 노력이다. 경찰이나 검사가 범죄 현장에서 살펴보는 것은 범죄의 원인이 무엇인지 이해하려는 노력이다. 우리는 일상생활을 하면서 많은 사건을 경험하게 되고, 이런 사건 중에서 호기심이나 관심이 생기면 우리는 자세히 살펴보게 된다. 그러나 살펴보기는 우리가 사는 과정 중 필요에 의해서 살펴보기 때문에 특별하게 삶의 변화를 가져오지는 못한다.

끝으로 몰입하여 관찰하는 것이다. 오래 관찰한다는 것은 그 사물이나 사건을 관찰할 때 의도를 지니고 볼 뿐만 아니라 완전히 관찰하는 대상을 좋아하거나 사랑해야 한다. 이렇게 되면 관찰 대상에 몰입하게 된다. 관찰 대상에 몰입하려면 대상에 상당

한 호기심이 있어야 하고 심지어는 관찰하는 대상을 사랑해야 가능하다. 오랜 기간 대상을 지속적으로 관찰하면 필연적으로 관찰 과정에서 궁금증이 생겨난다. 이런 궁금증을 해결하는 길은 몰입을 통한 오래된 관찰이고, 오랜 관찰을 통해 배움이 일어난다. 관찰을 통한 배움으로 세계 역사에 남을 위대한 발견이 이루어진 경우를 우리는 과학사에서 종종 접할 수 있다.

예를 들면 꿀벌의 8자 춤 관찰로 노벨상을 받은 칼 폰 프리슈 Karl von Frisch, 영국의 생물학자이자 지질학자, 침팬지를 평생 동안 관찰했던 제인 구달Jane Goodall, 영국 동물행동학 박사, 9년 동안 완두콩을 관찰한 멘델Gregor Mendel, 오스트리아 유전학자, 우리 땅의 나비를 관찰한 석주명한국의 곤충학자등은 대상에 오랫동안 몰입하여 관찰하였기 때문에 위대한 발견을 해낸 사람들이다. 몰입에 의한 관찰은 대상에 대한 관심과 사랑이 없이는 불가능하다. 관찰 대상에 대한 관심과 사랑이 오랜 기간 한 대상을 관찰하게 하는 동기가 되어 세상을 변화시키는 위대한 결과를 만들어낸다.

다른 사람이 보지 못한 것을 보자

'관찰의 이론 의존성'이라는 말이 있다. '우리가 본다'는 것은 근본적으로 '우리가 보고 있는 것을 얼마나 아는가' 에 의존한다는 말이다. 본다는 것은 지식에 의존하기 때문에 가능성인 동시에 한계로 작용할 수도 있다.

우리가 이미 가지고 있던 지식, 즉 선입견이 사고를 가로막고 있기 때문에 새로운 현상을 보고도 알아채지 못하는 경우가 많다. 즉 우리는 무언가를 본다는 것은 다른 한편으로는 그와 다른 무엇인가를 보지 못할 수도 있는 것이다. 그래서 세상을 잘 보기 위해서는 본다는 것이 무엇을 보지 못하게 할 수 있다는 것을 늘 생각해야 한다.

대상을 볼 때 늘 보던 방식으로 보지 않고 다르게 보는 능력은 모든 배움에서 중요하다. 누구나 똑같이 보는 것은 과학이나 예술 분야 등에서 쓸모가 없다. 다양하고도 도발적으로 이전까지의 해석과 틀에서 벗어나 세상의 사물들을 다르게 보는 방식을 제시했던 사람들이 인류 역사에 큰 공헌을 해왔다. 다르게 보려면, 즉 배움이 일어나는 관찰을 하려면 고정관념과 관습에서 벗어나는 것이 중요하다.

어떤 대상을 다르게 보기 위해서는 보이지 않는 것을 보아야 한다. 눈에 보이는 사물로부터 눈에 보이지 않는 것을 볼 수 있어야 한다.

낡은 자동차 번호판이 녹슬게 내버려두고 나중에 그 무게를 재

보면 어떻게 될까?

1) 더 가볍다.

2) 똑같다.

3) 더 무겁다.

아마도 사람마다 지식이나 고정 관념에 따라 다르게 생각할 것이다. 그러나 라부아지에Antoine-Laurent de Lavoisier, 현대 화학의 아버지는 금속이 연소하거나 녹스는 과정에 호기심을 가지고 있었고, 연소하거나 녹슨 금속에서 일어나는 무게 변화를 실험을 통해서 증명해냈다.

금속이 녹스는 과정에서 공기 중의 어떤 성분이 금속에 달라붙어서 무게가 늘어난다는 것을 알아냈다. 물질은 형태가 변할 수 있으나 존재 자체가 생겨나거나 사라지지 않는다는 사실을 보여주었다. 예를 들면 철의 무게가 100g, 철과 반응하는 산소의 무게가 5g이라고 하면 반응 전에 우선 철과 산소가 가진 총량은 105g이다.

그런데 반응 전과 반응 후에 총 질량은 같다고 했으므로 반응 후인 산화철녹슨철도 105g이 되는 것이다. 이것이 그가 발견한 질량 보존의 법칙이다. 이 발견은 과학사에 중요한 성취이다. 라부아지에의 이런 성취의 결과는 사물을 그냥 바라보는 것을 넘어 다른 사람과 다르게 보고, 다른 사람이 보지 못한 것을 볼 수 있는 능력이 있기 때문에 가능했다.

관찰을 추론으로 연결하자

추리 소설 속 주인공 셜록 홈즈는 관찰과 추론 능력이 아주 우수했다. 범죄 현장이나 사람들의 행동 등을 예리하게 관찰하여 우리가 보지 못하는 것을 보고 범인을 추론한다. 예리한 관찰은 비관습적으로 보기와 다른 사람이 보지 못한 것, 평소에 보지 못한 것을 보는 것을 말한다. 셜록 홈즈의 시리즈 중《네 사람의 서명》에서 홈즈와 왓슨이 나눈 대화로 관찰이 어떻게 추론을 유발하는지 알 수 있다.

"관찰과 추론이라, 내 생각에 관찰은 일정 정도 추론을 포함하고 있지."

"그렇지 않다네. 왓슨! 예를 들어 관찰은 자네가 오늘 아침 위그모어 거리에 있는 우체국에 갔었다는 걸 말해주었지만, 자네가 전보를 치고 왔다는 것은 추론이 알려주지."

"아, 맞네. 그런데 자네가 그걸 어떻게 알아낸 건지 도무지 모르겠는걸?"

"설명이 필요 없을 만큼 간단하다네. 나는 자네 구두 밑창에 붉은 흙이 묻어 있는 걸 보았다네. 위

셜록홈즈영화 한 장면

그모어 거리 우체국 앞에서 지금 보도 블록을 걷어 내고 공사를 벌이고 있지. 우체국에 가려면 그 흙을 밟고 지나지 않을 수 없게 되어 있어. 그 흙이 바로 이런 붉은색이지. 내가 아는 한 근처에 그런 색깔을 띤 흙은 없어. 여기까지가 관찰이었네. 나머지는 추론이지."

"멋지군. 그럼 내가 전보를 쳤다는 건 어떻게 추론한 거지?"

"나는 자네가 오늘 아침 편지를 쓰지 않았다는 것을 알고 있었어. 아침 내내 자네 옆에 있었으니까. 게다가 자네 책상 서랍 안에 우편엽서, 우표, 편지지 등이 그대로 있는 걸 보았지. 그렇다면 우체국에 갈 일은 전보를 치는 것 말고 뭐가 있겠나?"

김남시의《본다는 것》중에서

위의 이야기에서 홈즈가 보여준 능력이 바로 관찰과 추론이다. 과학의 출발점인 관찰을 통해서 자연 현상을 보는 것이고, 관찰

과정이나 결과를 바탕으로 그 이면의 현상을 읽어내는 능력을 홈즈가 보여준 것이다.

홈즈는 눈에 보이는 사물을 예리하게 관찰하는 능력에 추론을 더해 결론을 얻어냈다. 이런 능력을 통해서 홈즈는 보통의 사람들이 볼 수 없는 발견할 수 없는 사물 속에서 단서나 징표를 찾아 읽어내는 능력이 탁월했다. 그는 누구나 쉽게 지나치는 사소하고 미세한 사람과 사물의 특징을 발견해 내는 놀랄 만한 관찰력을 소유하고 있다. 이런 관찰력에 추론 능력이 완벽하게 결합하기 위해서는 충분한 배경 지식을 소유하는 것이 중요하다. 이처럼 사물이나 자연 현상을 보고 우리가 보지 못하는 것을 읽어내는 능력을 갖추고 있는 사람이 위대한 과학적 발견을 한 사람들이다.

홈즈와 같은 능력이 보통 사람에게도 존재할까? 사실 우리 모두에게는 홈즈의 능력이 있지만, 살아오면서 관습적인 사고에 갇히게 되어 보이지 않는 것을 볼 수 있는 능력이 오히려 쇠퇴하고 있다. 학교에 적용해보면, 학생들은 수업 중에 무수히 많은 관찰을 하지만 이런 관찰은 보는 것으로 끝나는 경우가 허다하다. 학생들의 관찰이 교과서와 교사의 관습적 사고 탓에, 다르게 보는 능력과 다른 사람이 보지 못한 것을 보는 능력이 성장하지 못하고 있는 것 같아 안타깝다.

배움은
호기심이다

우리는 문제를 발견하고 해결하는 과정에서 무언가를 배우게 된다. 배움의 첫 출발점은 호기심에서 시작된다. 호기심이 생기면 문제를 의식하게 되고, 현상이나 관계에 초점을 맞추며 문제를 해결하게 된다. 그래서 문제의식이 없으면 하루하루가 배움이 없는 평범한 일상의 연속에 불과하게 된다.

호기심은 왜 중요한가?

호기심이 배움이 되려면 '왜 이렇게 될까?', '이렇게 하면 어떻게 되나?', ' 저것은 무엇이지?' 등의 질문을 수시로 던져야 한다. 사물을 보고 '와, 이게 뭐지?' 라는 호기심이 생긴 후 그냥 지나쳐 버린다면 이 호기심은 배움이 될 수 없다.

과학의 역사를 읽다보면 자신을 둘러싼 자연 현상이나 사물에 대해 문제의식을 가지고 대하는 과학자들의 호기심이 결국 위대한 발견으로 연결되는 일화가 많이 등장한다. 대부분이 어렸을 때 가지게 된 호기심이나 관심을 지속적으로 성장시켜 위대한 발견으로 이룬 경우가 많다.

칼 세이건Carl Sagan의 《코스모스》, 호프 자런Hope Jahran의 《랩 걸》과 헤이스케의 《학문의 즐거움》등의 이야기 속에 어렸을 때 생긴 호기심이 배움의 과정에서 어떻게 성장하는지 보여주는 흥미 있는 일화가 있다.

샹폴리옹의 호기심과 성장

칼 세이건의 《코스모스》에서는 샹폴리옹이 어떻게 상형문자에 관심을 갖게 되었는지, 그리고 그 문자를 해독하기까지의 과정을 잘 그려주고 있다.

장 프랑수아 샹폴리옹은 이집트학의 연구 체계를 확립했고, 이집트 상형문자를 해독하는 데 중요한 역할을 했다. 그는 16세 때 라틴어와 그리스어뿐만 아니라 6개의 고대 동양 언어에 통달했으며, 상형문자 해독은 그의 계속된 호기심의 대상이었다. 프랑스 물리학자 조제프 푸리에Joseph Fourier, 프랑스의 수학자는 프랑스에 있는 학교들을 방문하던 중에 열한 살 소년을 만나게 된다.

이 소년의 총명함을 알아본 푸리에는 이 소년을 자기 집으로 초대하여 대화를 나누었다.

푸리에의 집에는 고대 이집트 문명의 천문학 관련 기념비들이 많이 있었고, 수집품에 새겨진 상형문자가 소년의 호기심을 크게 자극했다. 소년은 푸리에에게 "저 글자들이 무슨 내용을 담고 있습니까?" 물었지만 아무도 그 내용을 아는 사람이 없다는 답변을 들었다. 이때부터 이 소년은 아무도 읽을 수 없는 언어에 매혹되어 이집트 상형문자를 해독하기 위해서 매진했다. 이 소년이 바로 장 프랑수아 샹폴리옹이다.

당시 프랑스에는 이집트 문화 유물은 넘쳐흘렀지만, 상형문자를 읽을 수 있는 사람이 아무도 없었다. 기존에 존재했던 상형문자 해독법은 온통 모순투성이었다. 그 상형문자를 보고 고대 이집트인이 고대 중국에서 온 이주민이라고 추정하는 학자들이 있었는가 하면, 또 어떤 학자들은 이집트인이 중국으로 이주해갔다는 결론을 내리기도 했다.

하지만 샹폴리옹은 상형문자와 그리스어의 음절을 섬세히 비교하는 과정에서 상형문자의 텍스트에 있는 기호들 하나하나가 단음이나 음절을 표현한다고 추측했다. 이런 과정을 통해서 샹폴리옹은 그리스 상형문자 해독법을 알아낼 수 있었다. 샹폴리옹의 상형문자 해독법의 발견 후에는 상형문자 읽기가 쉬워졌으나 사실 이 해독법을 알아내기까지는 많은 세월이 필요했다. 이제 샹폴리옹 덕분에 이집트 문명에 새겨진 상형문자를 모두 해독할 수 있다. 샹폴리옹은 우연한

장 프랑수아 샹폴리옹

로제타석

기회에 보았던 이집트 상형문자에 대한 호기심에 대해서 오랜 열정과 노력으로 스스로 답을 찾았다.

아인슈타인의 호기심과 성장

알베르트 아인슈타인Albert Einstein은 특수 상대성 이론과 일반 상대성 이론을 제안한 이론물리학자다. 이런 아인슈타인도 학생 시절은 순탄치 않았다. 그는 학교에서 이루어지는 주입식 교육을 매우 싫어해 라틴어 문법처럼 억지로 외우는 과목은 전혀 공부하지 않았다. 그는 수학과 과학에만 흥미를 느꼈다. 독일의 김나지움 중·고등학교 과정을 졸업하지 않고 부모를 따라 이탈리아로 간 그는 전기공학자가 되기 위해 스위스 취리히에 있는 연방공과대학에

지원했으나, 입학 시험조차 통과하지 못했다. 수학과 물리학 성적은 뛰어났으나 다른 과목에서 낙제를 했기 때문이다. 그러나 아인슈타인은 누구보다도 호기심이 강했다. 이런 호기심은 위대한 질문으로 이어져서 세기의 이론을 제안할 수 있는 계기가 되었다. 아인슈타인은 "만약 1시간 동안 문제를 해결해야 한다면, 나는 훌륭한 질문을 찾는 데 55분을 쓸 것이다"라고 말했던 것처럼 강한 호기심을 질문으로 이끌어 그것을 해결할 때까지 끝까지 몰두했다. 다음은 칼세이건의 《코스모스》에서 아인슈타인이 어렸을 때부터 얼마나 호기심이 강했는지 알려주는 구절이다.

만약에 우리가 타임머신을 타고 1890년대 토스카나의 시골을 간다면, 고등학교를 중도에 그만두고 사색에 잠긴 채 해변을 걸어가고 있는 한 10대 소년을 만날 수 있을 것이다. 그는 프러시아에서 선생님들로부터 "네가 커서 도대체 뭐가 되겠니?", "네 질문이 수업 분위기를 망친다.", "학교를 그만두고 나가는 편이 차라리 나을 것 같다" 등의 폭언을 듣고 학교를 그만두었다. 그 학생은 교실에서 배운 것들과는 전혀 다른 문제들에 대해서 고민했다. 그가 바로 알버트 아인슈타인이다. 어린 시절 아인슈타인은 푸앵카레프랑스의 철학자의 《과학과 가설》이라는 책에 흠뻑 빠져 있었다. 《과학과 가설》에서는 전선을 지나는 전기와 공간을 가로지르는 빛의 놀라운 속도를 설명하고 있다. 어린 아인슈타인은 이 책을 읽고 질문을 다음과 같은 질문을 했다.

"만약 빛의 파동을 타고 여행할 수 있다면, 즉, 빛의 속도로 이동할 수 있다면 세상이 어떻게 보일까?"

빛의 속도로 여행한다. 어린 아인슈타인의 머릿속에 아무도 생각하지 못했던 이런 신비스러운 호기심을 가지고 있었다.

-칼세이건의《코스모스》중에서-

만약 빛의 속도로 움직일 수 있게 되면 평소의 우리 관념들이 이런저런 모순들에 부딪히게 된다. 어떤 동일 사건에 대해 서로 다르게 인식될 수 있는 경우가 발생한다. 이런 생각은 자연 세계의 근본을 건드리는 질문이다. 아인슈타인의 이러한 질문은 우리가 경험하는 세계를 처음부터 다시 생각해보게 함으로써 자연에 대한 근본적인 이해에 도달할 수 있었다.

호프 자런의 호기심과 성장

《랩 걸》의 주인공 호프 자런은 과학자인 아버지 아래에서 어렸을 적부터 과학을 접했다. 미네소타의 시골 전문대학에서 물리학과 지구과학 입문을 42년 동안 가르쳤던 아버지의 실험실에서 자라고 놀면서 그녀는 어린 시절 자신도 모르게 이미 과학에 대한 사랑과 호기심을 키워갔다. 자런 교수가 '랩 걸'인 이유는 바로 어린 시절 추억이 고스란히 깃든 실험실과 관련이 있다. 그녀에게 실험실은 마음 편안 곳, 즐거운 곳, 집과 같은 곳이었다. 《랩 걸》은 나무에 대한 세심한 관찰과 연구의 과정을 적은 책이다.

호프 자런

우리가 실험실에 서 하는 놀이를 바깥 세상에서도 할 수 있다는 것을 목격했다. 나는 아빠의 실험실로 더 깊이 숨어들었다. 그곳은 내가 가장 자유롭게 기계의 세계를 탐험할 수 있는 곳이었다. 호프 자런의 《랩 걸》 중에서-

랩걸 표지

아빠의 실험실을 놀이터처럼 생각하며 자란 어린 소녀는 호기심을 키워나갔고 인생의 절대적 지지자 빌과 함께 나무를 사랑하는 과학자로서 인생을 시작했다. 그녀는 나무를 사랑하여 나무 연구를 통해 풀브라이트Fulbright Prize상을 세 번 수상한 유일한 여성과학자이며, 젊고 뛰어난 지구 물리학자에게 수여하는 제임스 맥클웨인 메달을 받았다.

버클리에서 박사 학위를 받은 후에 대학을 여섯 번 옮기고, 4개국에서 살았고, 16개국을 여행하고, 약 6만 5,000개에 달하는 탄소 안정적 동위원소를 측정하여 논문만 70여 편을 써서 40여 개의 저널에 발표했다. 오로지 나무를 사랑하고 과학을 사랑하는 일념으로 자신의 분야에서 뛰어난 성취를 거두었다.

호프 자런의 나무에 대한 호기심은 식물의 씨앗을 탐구하는 과정에 잘 나타나 있다.

식물의 씨앗은 다양하다. 식물의 씨앗은 어떻게 기다려야 하는지 안다. 대부분의 씨앗은 1년을 기다리면 싹이 트지만 체리 씨앗은 100년을 기다리기도 한다. 체리 씨앗은 아무 문제 없이 100년을 기다리기도 한다. 각각의 씨앗이 정확히 무엇을 기다리는지는 그 씨앗만이 안다. 씨앗이 성장할 수 있는 유일 무이한 기회, 그 기회를 타고 깊은 물 속으로 뛰어들 듯 싹을 틔우려는 그 씨앗이 기다리고 있던 온도와 수분, 빛의 적절한 조합과 다른 많은 조건이 맞아 떨어졌다는 신호가 있어야 한다.

기다리는 동안 씨앗은 살아 있다. 하지만 씨앗의 기다림은 식물의 기다림과 다르다. 떡갈나무는 300년 동안 살아있지만 그 기간은 죽기를 기다린다. 반면에 씨앗은 번성하기를 기다린다. 번성하기를 기다리지만 많은 씨앗의 대부분은 자라지 못하고 죽는다. 자작나무는 한 해에 25만 개의 씨앗을 만들어내지만 그 중의 대부분이 죽고 최적의 기회를 만난 씨앗만이 자라게 된다. 어떤 씨앗은 두꺼운 껍질에 싸여서 2000년을 기다려온 것도 있다. 인간의 왕조가 흥망성쇠를 거듭하는 동안 이 작은 씨앗은 미래에 대한 희망을 버리지 않고 기다려왔다. 그러다 어느 순간 그 열망이 실험실 안에서 활짝 피어난 경우도 있다.

-호프 자런의《랩 걸》중에서-

어린 시절 자신의 경험에 의해서 얻게 된 호기심은 성장하면서 지속적으로 자라게 된다. 호기심이라는 작은 씨앗을 포기하지 않고 천천히 알맞은 때를 위해 기다리고, 탐구해나간다면 결국 발아하고 우거진 나무가 되는 것이다.

나무의 성장과 삶을 빗대어 자신의 자서전적인 이야기를 풀어나간 호프 자런의《랩 걸》은 많은 장애물과 암초가 있었지만 오랫 동안 식물을 탐색하면서 알게 된 소중한 이야기 속에서 자신의 나무에 대한 호기심이 어떻게 성장하였는지를 보여주고 있다.

헤이스케의 호기심과 생각하는 힘

《학문의 즐거움》의 저자 히로나카 헤이스케에게 영향을 준 인물은 많지만 그 중에서 헤이스케는 어머니에게 영향을 받았다. 어릴 적 많은 호기심으로 질문을 할 때마다 무시하지 않고 생각하는 것 자체에 의미가 있다는 것을 가르쳐 주었다.

이런 가르침은 수학자이자 학자로서 인생을 살아가는 데 소중한 재산이 되었다. 늦은 나이에 수학에 입문한 후 참석한 세미나에서 '4차원 특이점 해소' 라는 난제에 헤이스케는 호기심을 갖게 되었다.

헤이스케

4차원 특이점 해소는 수학계에서 오래 동안 풀리지 않는 문제로 많은 수학자들이 도전했으나 실패를 거듭했었다. 도형 속에서 선과 선이 교차하는 점, 또는 뾰족한 점을 대수기학에서 특이점이라 하는데, 특이점을 없애려면 어떻게 해야 하는지, 어떻게 하면 특이점이 있는 도형을 특이점이 없는 도형으로 변화시킬 수 있는가 하는 호기심이었다. 헤이스케는 10년 동안 연구한 끝에 결국 이 문제를 풀어낼 수 있었으며, 그 공로로 수학계의 노벨상인 필즈상Fields Medal을 받았다.

헤이스케의 이야기는 배운다는 것은 결국 호기심에서 출발한다는 것을 보여주고 있다. 어릴 적 호기심으로 생성된 많은 질문들을 무시하지 않고 생각하는 것 자체에 의미가 있다는 격려는 헤이스케가 수학 분야에 큰 성취를 이루는 데 큰 영향을 미쳤다.

호기심이 배움이 되려면

우리는 경험이나 책을 통해 흥미 있는 분야를 발견하게 되고, 많은 질문과 호기심을 가지게 된다. 인류 역사는 이러한 질문과 호기심을 해결하기 위해 배우고 탐구하며 발달되어 왔다. 인류의 역사는 탐구의 역사다. 탐구의 역사가 없었다면 인류의 문명이 발달하지 못했을 것이다.

탐구하는 역사의 밑바탕이 바로 질문이고, 질문의 뿌리는 호기심이다. 질문의 근원이 되는 호기심이 배움이 되려면 질문하고 탐구할 수 있는 환경을 조성해주어야 한다. 실패가 허용되고 지식의 권위에 도전할 수 있는 문화가 조성되어야 한다.

학교에서는 학생과 학생, 교사와 학생 간에 평상시 관계 형성 Rapport이 이뤄져야 하고, 이를 위한 교사의 꾸준한 노력이 필요하다. 허용적인 분위기가 조성될 때 학생들은 수업 시간에서 호기심이 생기면 질문을 통해서 스스로 발견해나가면서 결국 배우는 기쁨을 누릴 수 있게 된다.

배움을 통해서 새로운 지식을 쌓게 되면, 그 지식을 재료로 삼아 새롭게 질문하게 된다. 학생들의 생각이 확장되고 생각의 깊이가 더해지면 자연스럽게 그것을 더 깊게 탐구하고 싶어지게 된다. 결국 자신이 호기심을 가지고 있는 것을 탐구하면 열정이 생기고 열정이 위대한 배움으로 연결되는 것이다.

배움은
상상력이다

상상력의 기원을 살펴보면 배움에서 상상력이 얼마나 중요한지를 알 수 있다. 고대 중국에서도 코끼리가 살았다고 한다. 그러나 인간에 의해서 서식지가 파괴되고 살육되면서 코끼리의 수가 줄어들었고 코끼리를 더 이상 중국에서 볼 수 없게 되었다. 사람들이 살아있는 코끼리를 더 이상 볼 수 없게 되자 죽은 코끼리의 뼈를 구해 그림을 그려보며 살아 있는 코끼리를 상상으로 그려냈다. 코끼리의 뼈를 통해 코끼리를 상상하는 과정이 오늘날 우리가 말하는 상상想像의 어원이다.

《한비자韓非子》의 〈해로편解老篇〉을 보면 상상은 코리끼의 뼈를 보고 코끼리의 형상을 머릿속에서 그리는 행위라고 한다. 상상이라는 것은 뼈라는 구체적인 실상을 두고 나머지 실체가 없는 부분을 떠올리는 행위인 것이다.

'코끼리의 상像' 자 앞에 이미지를 나타내는 '상像' 자를 붙인 것도 뼈를 앞에 놓고 실체를 떠올려보는 행위와 관련이 있다.

상상의 어원은 상상력의 핵심을 정확히 짚고 있다. 우리가 무엇인가를 제대로 상상하려면 코끼리 뼈라는 현실적 기반 위에서 상상을 해야 한다는 것이다. 코끼리 뼈가 없는 상상은 몽상이 된다. 상상은 본질적으로 코끼리 뼈라는 과학적으로 탄탄한 근거가 있어야 한다.

상상이 배움이 되기 위해서는 세상의 모든 상상력이 과학적 상상력이 되어야 함을 의미한다. 그러나 코끼리의 뼈만으로 살아 있는 온전한 코끼리를 상상하기는 현실적으로 어렵다. 코끼리의 뼈 위에 살을 붙이고 일으켜 세우고 움직이게 하는 힘은 과학적 상상력 외에 예술적, 문학적 상상력의 몫이다. 그래서 훌륭한 상상은 과학적 상상력, 예술적, 문화적 상상력이 결합할 때 완성된다고 말할 수 있다.

결국 코끼리의 뼈를 보고 온전한 코끼리를 상상하기 위해서는 과학적 지식, 수학적 사고, 예술적 감성 등 여러 가지 분야의 융합적 상상력이 결합되는 것이 중요하다.

상상력이 중요하다

리처드 파인만의 《No Ordinary》의 '상상하라' 부분에 상상력의 중요성을 말하는 내용이 있다. 파인만 자신이 어떻게 상상력을 발휘하여 질문으로 연결하고 그것을 해결해가고 있는지 흥미진진하게 다루고 있다. 다음은 파인만이 상상력을 질문으로 연결되는 과정을 진술한 내용이다.

어떤 아주머니가 얼음에서 미끄러졌다고 상상해보자. 아주머니가 미끄러진 것을 보고 우리는 다음과 같이 상상력을 펼치고 질문을 연결할 수 있다. 아주머니는 얼음에서 왜 미끄러졌을까? 상상력이 풍부한 학생에게는 정말 궁금한 질문이다. 질문이 생기면 질문에 대한 답을 찾기 위해서 노력하게 된다.

얼음의 경우 그 위에 서면 압력이 잠시 얼음을 약간 녹여서 순간적인 수면이 생겨 미끄러지는 것이다. 질문에 대한 답을 찾는 과정에서 또 질문이 생기게 된다. 얼음은 왜 미끄러울까? 다른 고체는 안 미끄러운데 왜 얼음은 미끄러울까?

물은 얼 때 팽창하기 때문에 압력이 가해지면 그 팽창을 원래로 되돌리려고 하기 때문에 얼음이 녹는 것이다. 하지만 다른 물질은 얼 때 전부 수축하기 때문에 얼면 고체 상태를 유지한다. 그러면 왜 물은 얼 때 팽창하고 다른 것들은 그렇지 않나?

-리처드 파인만의 《No Ordinary》 중에서-

이처럼 상상을 하게 되면 '왜'라는 질문은 끊임없이 이루어진다. '왜'라는 질문을 많이 할수록 상상이 흥미로워지고, 더 깊어질수록 더 재미있어진다. 이런 질문이 계속 더 나아가면 아주머니가 미끄러질 때 왜 넘어지는지에 관하여 중력까지 연결 지을 수 있다. 중력에 대해서 계속 상상하고 꼬리에 꼬리를 무는 질문으로 연결될 수 있다.

꼬리에 꼬리를 무는 질문이 되기 위해서는 남들이 생각하지 못하는 것을 상상해야 한다. 남들이 하지 못하는 상상력이야 말로 새로운 방법을 찾을 수 있는 마중물이며 위대한 결과로 이루어지는 지렛대가 된다.

위대한 상상력의 산물-파인만 도형

양자전기역학Quantum Electrodynamics은 수학적인 어려움에 빠져 정확한 계산을 할 수 없었다. 정확한 계산을 하면 터무니없는 결과가 나온다. 그래서 과학자들은 양자역학과 전기역학을 합치는 노력을 했다. 두 이론을 합쳐서 모든 현상을 설명해줄 통합적인 이론을 만들고자 했다.

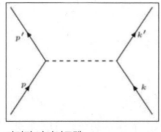

파인만 다이어그램

파인만은 이 둘을 합치는 데 결정적인 기여를 했다. 입자물리학의 수학적 복잡성을 다룰 완전히 새로운 방법을 개발한 것이다. '파인만 도형' Feynman Diagram이라고 불리는 이 도구 조합은 전자공학자에게 회로도만큼이나 이론물리학자에게 매우 유용한 개념이 되었다.

이처럼 놀라운 '파인만 도형' 은 파인만의 상상력에 의해서 탄생되었다. 문제해결의 접근 방법을 공식으로 생각하지 않고 상상력을 발휘하여 융합적인 사고를 통하여 시각적으로 다루고자 하였다. 시각적인 파인만 도형은 수학적으로 복잡한 계산을 대수를 이용하여 종이에 길게 적어야 하는 번거로움을 없애고, 여러 방정식을 하나의 그림 속에 담아내는 도형이다. 이 도형 하나만 있으면 그 전에 어려웠던 문제들을 쉽게 풀어나갈 수 있었다. 계산을 '공식' 이 아닌 '도형' 으로 하자는 발상, 전자와 양성자를 독창적으로 합치자는 발상은 다른 누구도 생각하지 못한 방법이다. 바로 파인만의 상상력의 결정체다.

위대한 상상력의 산물-블랙홀

SF영화에 자주 등장하는 블랙홀black Hole은 누구나 한 번쯤은

들어보았을 것이다. 블랙홀에서는 신기한 현상들이 관찰된다. 모든 것을 빨아들이는 흡입력, 시간이 느려지는 현상, 블랙홀을 통한 시간여행 등은 흥미진진한 내용들이다. 이런 블랙홀의 개념의 등장이 위대한 상상력에서 나왔다. 블랙홀은 무엇일까? 블랙홀은 들어가면 빠져나올 수 없는 구멍이며, 빛조차도 탈출할 수 없는 곳이다. 천체물리학의 관점에

블랙홀의 가상 그림

서 정의를 하면 블랙홀은 빛조차도 빠져나올 수 없는 강한 중력을 가진 고밀도의 질량 덩어리라고 말할 수 있다. 작은 공간에 엄청난 양의 물질이 담겨 있는 상태이고, 이렇게 고밀도가 되면 중력이 매우 커져 빛조차도 빠져나오지 못하게 된다. 블랙홀을 이해하기 위해서는 먼저 선행되어야 할 것이 중력이다.

블랙홀의 개념은 약 200년 전에 등장한다. 존 미셸John Michell, 영국의 과학자이 쓴 검은 별에 대한 논문에서 블랙홀을 역사상 처음으로 다루고 있다. 미셸은 사고 실험을 통해 빛조차도 탈출할 수 없는 보이지 않는 별들이 우주에 수없이 존재할 것이라고 예측했다. 지구의 중력을 탈출하기 위한 속도는 초속 10킬로미터 정도다. 이 속도는 자동차 속도의 100배, 비행기 속도의 30배쯤

된다. 그런데 지구의 크기를 절반으로 줄인다면 지구의 중심에 더 가까워지기 때문에 중력이 더 커지게 된다. 지구의 크기를 네 배로 줄인다면 지구를 탈출하기 위해서는 지금보다 두 배나 빠른 속도를 내야 한다.

지구의 크기를 1센티미터로 줄인다면 어떻게 될까? 지구의 중력은 상상을 초월하게 된다. 이렇게 되면 빛의 속도로 날아가는 로켓이라도 지구를 탈출할 수가 없게 된다. 미셸은 사고 실험을 통해서 질량이 일정한 별의 반지름을 줄이고 줄이다 보면 빛의 속도도 탈출할 수 없는 한계 반지름을 계산할 수 있고, 이런 별을 가리켜 검은 별이라고 했다. 이런 별들이 우주에는 무수히 많을 것이라고 예측했다. 이후로 아인슈타인의 일반 상대성 이론을 기초로 현대의 블랙홀 개념이 재탄생하게 된다. 이처럼 블랙홀은 실제로 발견되기 몇 백 년 전에 이미 인간의 상상력에 의해 존재하고 있었다.

아직도 우주에는 탐구되지 않는 것이 많이 있다. 그러나 언젠가 탐구되고 연구될 것이다. 우리 인간에게는 위대한 상상력이 있다. 끊임없는 상상력은 언젠가는 현실로 이루어진다. 과학자들은 상상력을 통해 위대한 이론을 만든 다음에 그 이론이 맞는지를 확인할 방법을 고안하게 된다. 상상력은 인간이 가진 힘 중에서 가장 위대한 것이다.

상상하라! 상상하라

과학자들의 상상력은 배움과 연결되어 위대한 결과를 낳는 것을 보아 왔다. 우리도 재미있는 과학적 상상을 해보자.

우주에는 시간에 관한 신기한 현상이 일어난다. 우리가 사는 지구에서도 시간이 누구에게나 똑같이 흐르는 것처럼 보이지만, 실제는 그렇지 않다. 시간은 장소에 따라서 다르게 흐른다. 높은 산에서는 더 빨리 흐르고, 낮은 평지에서는 더 느리게 흐른다. 이것은 중력과의 관계 때문이다. 이 차이는 아주 미세하지만 정밀한 원자시계로 측정하면 시간이 다르게 흐른다는 것을 금방 확인할 수 있다. 시간이 다르게 흐른다는 말은 그 속에 사는 모든 과정이 다르다는 의미가 된다. 그 속에 사는 모든 동식물도 똑같은 경험을 하게 된다. 만약 인간이 수백 년을 산다고 상상하면 산과 같은 높은 지역에 사는 사람은 평지에 사는 사람보다 더 늙어지게 된다. 사는 장소에 따라서 우리는 서로 다른 길이의 시간 속에서 살게 된다.

시간은 속도에 따라서도 다르게 흐른다. 멈춰 있는 사람보다 걸어다니는 사람의 시간이 더 천천히 흐른다. 움직이는 친구는 멈춰있는 친구에 비해서 덜 늙게 되고, 그가 보는 시계의 시간은 느리게 흐르게 된다. 많이 움직일수록 시간은 더 천천히 흐른다. 장소와 속도에 따른 시간의 변화에 관한 사실을 100년 전에 아인슈타인이 알아냈다. 아인슈타인의 일반 상대성 이론에 그려진 시간은 헤아릴 수 없는 많은 시간이 존재한다. 우리가 절대 시간이라고 생각했던 개념이 무너지고 있으며, 시간의 유일함이 상실되고 있다. 당신의 고유 시간이 우리가 어디에 있는지에 따라서, 어떤 속도로 움직이느냐에 따라 영향을 받고 있다.

시간의 상대성을 생각하며 재미있는 과학적 상상을 해볼까?

우리가 지구가 아닌 태양계의 다른 행성에서 살게 되면 어떻게 될까? 김상욱의 《과학 공부》에서 '하루의 의미'를 과학자의 입장에서 바라보는 관점이 제시하고 있다. 여기서는 천문학자의 관점에서 '하루의 의미'를 좀 더 확장해서 생각해보겠다. 지구에서는 하루는 누구에게나 24시간이다. 지구가 자전하는 데 필요한 시간이 24시간이라는 의미다. 우리는 지구에서 살고 있기 때문에 하루는 항상 24시간으로 생각한다.

수성에서 산다면 어떻게 될까? 수성은 지구 시간으로 하루가 58일이다. 우리가 지구에서 8시간을 기준으로 하루의 일을 마친다고 생각하면 수성에서는 20일 정도를 일해야 집에 갈 수 있는 것이다. 금성에서의 하루는 지구의 날 수로 243일이나 된다. 퇴근하기 위해서는 68일 정도 일해야 한다.

명왕성은 하루가 6일이니 지구보다 조금 더 긴 하루를 원하는 분은 명왕성에 가면 된다. 그런데 명왕성까지 가는 데 41년 정도

걸리니 지구보다 긴 하루를 위해서는 41년을 소비해야 한다.

하루가 이처럼 지구보다 긴 경우만 있는 것은 아니다. 목성의 하루는 13시간밖에 되지 않는다. 4시간 정도면 우리는 하루의 일과를 마칠 수가 있다.

토성의 하루는 이보다 더 작다. 10시간 39분밖에 되지 않는다. 2.5시간 조금 넘게 일하면 퇴근할 수 있다. 해왕성의 하루는 16시간이니 5시간 정도면 집에 갈 수 있다.

하루 24시간이 짧다고 생각되시는 분은 수성이나 금성을 생각해볼 수 있다.

하지만 수성과 금성은 하루가 엄청나게 길지만 하루를 보내기도 전에 너무 뜨거워 사라지게 된다. 지구의 하루가 길다고 생각하는 분은 목성과 토성에서 사는 것도 하나의 방법이다. 두세 시간 정도만 일하면 퇴근하니 하루를 금방 보낼 수 있다. 지구와 가장 가깝고 앞으로 가능성이 있는 화성의 하루는 24.5시간으로 지구와 비슷하다. 지구의 하루가 길다고 화성으로 가는 것은 결국 지구에 사는 것과 똑같으니 다른 행성으로 이주하려면 이것저것 따져봐야 한다.

다른 행성으로 이주하지 않고 지구에서 하루를 줄일 수 있는 방법이 있다. 먼저 아주 높은 장소에서 살면 된다. 미세하지만 낮은 곳에서 사는 사람보다 하루가 조금 짧아지게 된다. 반대로 지구에서 하루의 시간을 늘릴 수 있는 방법은 아주 빠른 로켓을 만들어서 움직이면 된다. 빠른 속도의 로켓 안에서 살게 되면 하루가 더 길어지게 된다. 그런데 현재 기술로는 우리가 실제로 시간이 느리다고 느낄 만큼 속도를 낼 수 있는 로켓을 만들 수 없다. 그러니 중요한 것은 시간의 길이 보다는 지구에서 하루하루를 어떻게 잘 보낼 수 있을지 생각하는 것이 올바른 태도라고 생각한다.

아인슈타인은 1세기 전에 시간의 불변함을 부정하고 속도와 장소에 따라 시간은 다르게 흐른다는 것을 예측했다. 그런데 우리는 평생을 살면서도 시간의 상대성을 간과하고 있다. 우리 모두는 서로 다른 장소에서 서로 다른 시간을 보내고 있다. 나에게 주어진 시간을 바라보는 태도에 따라서 인생이 달라지게 된다. 먼저 자신이 보낸 하루를 되돌아보고 다가오는 시간을 계획하면 우리의 하루나 1년은 달라지게 된다.

상상력을 키우는 방법

아인슈타인은 "지식보다 중요한 것은 상상력이다"라고 했다. 상상력의 중요성을 강조한 말이다. 그렇다면 우리는 어떻게 상상력을 키울 수 있을까?

첫째, 예리한 관찰력을 키워야 한다. 인류 역사에서 위대한 과학자들이 보편적으로 가지고 있는 능력이 뛰어난 관찰력이다. 그들은 다른 사람이 보지 못한 것을 본다. 예리한 관찰력은 사물을 보거나 연구 과정이나 결과를 볼 때 이면에 숨겨진 연관 관계를 찾게 해준다. 평범한 사람은 관찰된 사실만 보지만 관찰력이 예민한 사람들은 상상력을 발휘하여 그 속에 담긴 연관 관계를 볼 수 있다.

둘째, 비판적인 사고를 키워야 한다. 비판적인 사고는 어떤 현상이나 결과를 치밀하게 보아야 한다는 의미다. 선행 연구를 참고하는 경우라면 연구의 장단점을 찾아보고, 그 결과가 다른 것과 어떻게 관계가 되는지, 어떤 방향으로 이용될 수 있는지 종합적으로 살펴보는 것이 비판적 사고다. 중요한 것은 비판의 과정이 비판으로 끝나면 안 되고 그 과정에서 나온 장단점을 다른 연구들과 연결해야 한다는 것이다.

뉴턴Isaac Newton, 영국의 물리학자은 만유인력을 발견하기 전에 데카르트Rene Descartes의 역학이나 수학책을 좋아했지만, 읽을 때는 비판적으로 읽고 이해했다. 책에서 이야기한 내용에 자신의 생각을 덧붙이고 다른 결과물과 비교해가면서 연관성을 찾으면서 꼼꼼히 읽었다. 이렇게 비판적으로 이해하고 읽는 방식이 그를 최고의 자연과학자로 만들어주었다.

셋째, 열정과 끈기를 가져야 한다. 문제를 해결하는 과정에서는 실패에 부딪히게 마련이고 실패를 받아들이고 처리하는 데는 끈기가 중요하다. 윈스턴 처칠은 감정이나 지능이 아니라 끊임없는 노력이 우리의 잠재력을 끌어내는 열쇠라고 했다.

《그릿》의 저자 앤절라 더크워스Angela Lee Duckworth는 지능과 성취의 관계에 관한 연구에서 "힘든 목표를 성취하려면 재능만 필요한 게 아니라 시간이 흐름에 따라 지속적으로 집중하고 노력해야 한다"고 했다. 개인이 가진 인지 능력이나 재능 외에 성공을 더 잘 예측해주는 지표는 열정적 끈기라고 했다. 과학에 큰 업적을 세운 위대한 과학자들은 일반인보다는 천재적이었지만, 이들도 일반인과 마찬가지로 수많은 실패와 좌절을 겪으면서 시간과 노력을 투여했다. 만유인력으로 유명한 뉴턴은 광학 연구에서도 뛰어난 업적을 가지고 있다. 《광학》을 출판하기 위해서 케플러가 연구한 광학 분야를 철저히 연구했다. 그리고 《광학》을 출간하기까지 40여 년이 흐른 뒤에 가능했다.

넷째, 종합력을 가져야 한다. 상상이 '상상'으로 끝나지 않고

'배움의 결과'를 도출하기 위해서는 여러 분야를 종합하는 능력이 필요하다. 여기서 종합력이라는 것은 융합을 의미한다. 융합을 하기 위해서는 먼저 자기 분야에서 전문성을 확보해야 한다. 한 분야의 전문성을 확보하지 않는 상태에서 다양한 분야를 골고루 공부하는 것은 큰 도움이 되지 않는다.

한 분야에 전문성이 확보된 후에 다른 분야의 자원을 접하면 새로운 통찰을 얻을 수 있는 기회가 넓어진다. 아인슈타인은 소모임을 좋아했는데 다양한 직업의 소유자와 만나고 대화하는 과정에서 자신의 생각을 넓히고, 다른 분야와 융합하며 종합적으로 정리해 나갔을 것이다. 이런 과정이 바로 융합적 사고력이다.

다섯째, 내적 동기가 중요하다. 어떤 일이든지 동기가 있고 없고에 따라서 그 결과는 달라진다. 학교에서도 높은 동기를 가진 학생과 그렇지 못한 학생의 성취 결과는 다를 것이다. 그래서 학생들에게 동기를 부여할 수 있는 방법을 찾아야 한다. 우리는 타고난 재능을 충분히 발휘하지 못하는 학생들을 종종 본다. 왜 이들은 자신의 재능을 사용하지 않을까? 그 비밀은 동기 부여다. 동기가 부여되면 배움으로 이끄는 강렬한 자기주도성이 형성된다.

2장

배움을
키우다

배움의
의미

　배움을 말할 때 영어로는 'Learning'이고, 한자에서는 '배울 학
學'으로 생각할 수 있다. 동·서양이 배운다는 것을 어떤 관점에
서 접근하고 있는지 생각해 보자.

　서양에서 배운다는 것은 Learning이다. Learning의 어원은
Learn_Lean or Long_+ing이다. 배운다는 것은 남의 글이나 말에 몸을
기울여_Lean_ 장기적으로_Long_ 관심을 갖는다는 의미로 해석될 수
있다. Learning은 단기 공부로 어떤 장소에서 머물며 책을 보는
것과는 달리 인생에 걸쳐 자신의 성장을 위해서 지속적으로 배
워가는 여정을 의미한다고 볼 수 있다.

　동양에서 배운다는 것은 배울 학學이다. 배울 학의 기원을 해석
하는 방법은 학자에 따라서 여러 가지가 있지만, 그 중에서 몇 가
지만 살펴보겠다.

첫째는 집에서 두 손曰와 비슷한 모양으로 매듭爻 묶는 방법을 배우는 아이子의 모습을 나타냈다고 해석할 수 있다. 과거에는 짚을 꼬아 끈을 만들거나 실로 매듭을 지어 집과 그물, 신발 등을 만들었기 때문에 배운다는 것은 생활에 꼭 필요한 기술을 배우는 모습이 이 글자에 담겨 있다고 말할 수 있다.

둘째는 學의 문자 모형을 보면 고대에 학생의 교육을 담당하는 건물로 해석하는 경우도 있다. 아마도 근대 교육이 형성되기 이전이기 때문에 어린이 교육을 담당하는 건물이지만 씨족의 제사, 혼례, 의료 등 다양한 행사와 서로의 지식을 전수하는 역할을 했을 것이다. 첫째 의미와 비교하면 배움의 범위가 가정에서 사회로 확대되었음을 짐작할 수 있다.

셋째는 學의 冖덮을 멱을 물건을 덮는 보자기로 보면 이것을 중심으로 하여 學을 위아래 두 부분으로 나눌 수 있다. 아래쪽의 아이子는 보자기冖에 덮여 있다. 보자기는 아이를 따뜻하게 감싸고 외부로부터 보호한다. 보자기 안에 있을 때 아이는 안전하다. 그러나 보자기 때문에 아이는 자기 주변의 환경을 제대로 살필 수 없게 된다. 반면 윗부분은 보자기의 보호에서 벗어나 세상을 만난 아이가 두 손을 흔들며 기뻐서 어쩔 줄 모르는 모습을 나타낸다.

이번에는 배울 학의 의미를 다른 관점에서 살펴보자. 배울 학學의 구조를 살펴보면 위 부분의 爻는 현대의 자전에서는 점괘 효를 의미하지만 사실은 노끈을 엮는 모양, 새끼줄 형태라고 한다. 이 새끼줄을 양쪽에서 손手이 감싸고 있는 형태이다. 그리고 아래쪽에 아들 자子가 보태졌다. 이것을 해석해 보면 爻는 새끼줄이 형태를 갖추기 위해서는 서로 어우러져 사귀어야 한다. 서로 소통하고 어울리지 못하면 새끼줄의 형태가 나올 수 없다.

이렇게 새끼줄의 형태가 잘될 수 있도록 이끌어주는 두 손이 있다. 학생들이 서로 어울리고 교류하면서 성장하는 관계를 구축하고, 그 교류를 선생님이 두 손으로 촉진하고 원조하면 학생들은 배움을 성취하게 된다. 이처럼 배움을 의미하는 배울 학學에는 '가르치다' 와 '배우다' 의 두 가지 의미를 내포하고 있음을 알 수 있다.

다른 관점으로 점괘 효爻를 사귈 교 '交' 로 해석할 수 있다. 여기서 사귀다는 서로 어울리며 소통을 한다는 의미다. 배움은 개체주의에서 탈피하는 것이다. 배움을 개인의 고독한 작업으로 보지 않고, 교사와 학생, 학생과 학생, 교사와 교사 간의 상호작용과 교류를 통해 이루어진다. 배움 공동체 이론의 창시자인 사토 마나부 교수도 배움에 대해서 대화적 실천으로서의 배움, 서로 배우는 관계, 교사의 동료성으로 요약했다. 이렇게 학교에서의 배움은 대화이자 교류이다. 학생이 배움에 도달할 수 있도록 교사와 학생 사이에 소통이 일어나며, 학생들 간에는 서로 대화하고 토론의 과정에서 배움을 강화하게 된다. 배움은 다양한 주체 간에 서로 일어날 수 있으며, 그 공간이 바로 학교가 된다.

결국 배울 학은 배움이 추구해야 할 모든 의미를 담고 있음을 알 수 있다. 배운다는 것은 가정에서 사회로 나가기 위한 과정이며, 이를 통해서 세상의 만남을 준비하는 것이다. 그래서 세상과의 만남을 체계적으로 준비하기 위한 교육기관인 학교는 배움의 장이 되어야 한다. 학교는 학생이 성장하여 자신을 감싸고 있는 보자기에서 벗어나 세상과 자신 있게 만나게 하는 가교 역할을 해야 한다.

무엇이 배움을
방해하는가?

1960년대 마틴 셀리그만Martin E. Seligman, 미국의 심리학자이 동료들과 함께 개를 대상으로 한 고전학습이론을 실험하는 중에 항거불능抗拒不能, 어떤 행위에 대한 저항이 불가능한 상태의 자극을 받은 개들이 이후 다른 상황에서도 그 자극을 회피하지 못하는 현상을 발견하였다.

학습된 무기력Learned helplessness

학습된 무기력이란 반복되는 실패의 경험으로 인해 자신이 충분히 극복할 수 있는 상황조차 극복하려 하지 않고 자포자기 해버리는 것을 말한다. 위의 실험의 결과와 유사한 심리적 상태에 대하여 명명한 것이다. 학습된 무력감이 고등생물뿐만 아니라 인간에게도 나타나는 아주 일반적인 행동 습성이라고 했다.

이해를 돕기 위해 셀리그만이 했던 실험을 살펴보자. 임의로 바닥에 전기가 통하는 우리에 개를 집어넣었는데, 처음에는 바닥에 전기가 통하니 빠져나오려고 펄쩍 뛰겠지만 그 상황에서 온갖 노력을 해도 빠져나올 수 없으면 결국 바닥에 전기가 통하더라도 아무런 저항이나 노력도 하지 않는다는 것이다. 이렇게 학습된 무력감을 학습한 개는 자신의 힘으로 충분히 넘을 수 있는 낮은 허들인데도 그저 웅크리고 전기 충격을 받게 된다.

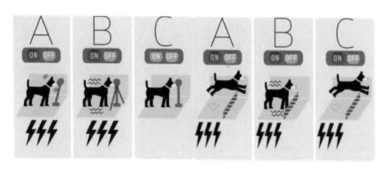

셀그리만의 학습된 무기력 실험

사람은 개인의 차이가 있겠지만 자신의 현재 상황에서 벗어나려고 노력을 하기보다는 과거나 현재에 안주하려는 경향을 어느 정도씩은 가지고 있다. 이런 경향성은 권위주의의 문화에서 학습된 무기력이 더욱 강화된다. 변화를 하려 해도 권위에 눌려 번번이 실패하면서 결국 아무 저항이나 노력도 하지 않고 그저 자신만의 공간에서 웅크리고 머무르게 된다. 이러한 학습된 무기력은 질문, 관찰, 호기심이라는 배움의 요소를 방해하고, 이는 개인이 자신의 삶 속에서 배움을 통해 성장하고 발전하는 것을 방해하게 된다.

개인적으로 학습된 무기력에 절대 빠지면 안되는 직업은 교사라고 생각한다. 하지만 혼자의 힘으로 극복할 수 없는 환경에 반복적으로 노출된 경험으로 인해서 학습된 무기력이 생길 수 있다. 교사들이 학습된 무기력에 빠지게 되면 실제 자신의 능력으로 피할 수 있음에도 불구하고 스스로 자포자기한 상태에서 교실에서 고립주의로 빠지게 된다. 이렇게 되면 새로운 자극을 받을 수 없으며 현재의 상황을 개선하려고 하는 의지가 없어지게 되고, 개인주의와 보수주의가 어우러져 학습된 무력감은 더욱 강화된다. 학습된 무기력에 빠진 교사들은 현재의 상태에서 벗어나려는 노력보다는 오늘과 내일의 과업에만 치중하는 경향을 보인다. 또한 자신의 노력에 대한 한계, 고립된 구조로 인한 피드백의 한계로 배움을 위한 노력은 하지 않고 학생 시절에 배웠던 경험에 의존하여 학생들을 지도하게 된다.

이런 학습된 무기력에서 빠지지 않기 위해 교사들은 무엇을 해야 할까? 교사는 공부 중독이 되어야 한다. 사회학자 엄기호와 정신과 전문의 하지현은 《공부 중독》에서 대한민국의 공부 중독에 대해서 부정적인 의견을 밝히고 있지만, 교사들에게 공부 중독은 긍정적으로 작용된다. 교사는 공부를 통해 세상을 읽고 삶을 해석하는 언어라는 좋은 도구를 획득한다. 이 과정에서 배움과 성장을 경험하고, 이것은 학생들의 배움과 성장으로 연결될 수 있기 때문이다. 아울러 교사의 공부는 자연스럽게 동료들과 협력하고 배운 것을 공유하게 이끌 것이다. 공부를 공유하는 것은 서로의 성장을 이루어내고 그 과정에서 무기력을 떨쳐내고 집단 성장을 촉진하는 유의미한 역할을 할 수 있다. 따라서 학습된 무기력의 공포에서 벗어나기 위해서는 자신의 노력과 동료들과의 협업을 통해서 스스로 변화의 주체가 되려는 노력이 필요하다.

프레임에 갇힌 교육

프레임Frame은 창틀이나 문틀 등 어떤 도구를 만드는 기본 틀을 말한다. 프레임이란 한마디로 세상을 보는 창이다. 우리가 어떤 프레임을 통해 세상에 접근하느냐에 따라 삶에서 얻는 결과물이 달라질 수 있다. 배움도 마찬가지다. 배움의 프레임이 너무 좁다면 우리는 그 좁은 프레임 안에서 세상을 배우게 된다. 프레임의 크기가 작으면 그만큼 배움에 접근하는 관점도 작아질 수밖에 없다.

《장자》의 소소유逍遙遊편에 보면 혜자 박씨에 대한 이야기가 나온다. 혜자가 위왕에게서 박씨 하나를 얻었다. 그런데 열린 박이 너무 커서 다른 박처럼 물도 담을 수 없고, 바가지로도 쓸 수가 없었다. 너무 커서 쓸모가 없다고 생각한 혜시는 그 박을 부숴버리고 말았다. 공연히 크기만 하고 쓸데가 없다고 불평하는 혜시에게 장자는 이렇게 말했다.

'큰 박이 있다면 강이나 호수에 띄워 놓고 배처럼 타고 즐기면 될 터인데, 왜 그대는 납작하여 아무 쓸모가 없다고 불평만 하는가? 그러면서 장자는 혜시를 '일정한 틀에 꽉 막혀 있는 사람'이라고 묘사한다. 확실한 개념을 바탕으로 정확한 지식 체계를 세우려 했던 혜시에게 박이라는 물건은 물을 담거나 바가지로만 쓰일 뿐이다. 그 관념을 벗어나지 못한 것이다. 그래서 장자가 혜시를 일러 '일정한 틀에 꽉 막혀 있는 사람'이라고 평가했던 것이다.

-《장자》의 소소유 편중에서-

만약 장자가 혜시처럼 일반 관념에 제한되어 있었더라면, 어떠한 창의적 행위도 상상하지 못했을 것이다. 장자는 일반 관념 체계를 벗어나 자기 내면의 주체적 독립성에 따라 그 사태와 만났기 때문에 그런 창의적 행위가 가능했다고 볼 수 있다.

그런데 우리 교육도 좁은 프레임에 갇혀 있다는 이야기를 종종 듣는다. 왜 교육이 좁은 프레임에 갇혀 있을까?

첫 번째 바로 교육을 지식의 전달로 한정하는 데부터 시작되었다고 생각한다. 우리는 가르침이 곧 '지식전달'이라는 방식의 수업 문화에서 성장해왔기 때문에 지식을 효율적으로 전달하는 방법으로 '가르친다'를 생각하게 되었고, 가르치는 행위를 지배적인 행위로 만들어버렸다고 생각한다. 그래서 교육현장에서는 가르치는 행위와 배우는 행위 간의 긴밀한 상호작용을 인정하지만 실천에 옮기지 못하고 있다. 대부분의 교사들은 학생들에게 개성과 창조성을 추구하는 수업과 배움을 강하게 원하고 있지만, 교사들은 '가르침은 지식전달'이라는 전통에 빠져나오지 못하고 있다.

두 번째 프레임은 수업 목표에 도달하는 방법은 한 가지만 있다고 생각하는 것이다. 수업의 목표에 도달하는 방법은 다양하다. 학생들의 예기치 않은 놀라운 생각들로 인해서 계획하지 않는 방법으로 수업이 전개될 수 있다. 그러나 교사의 질문과 학생의 반응으로 이루어진 전형적인 구조에서 학생들은 호기심에 의한 질문들이 나올 수 있는 여지가 없다. 교과서의 권위에 순응하고 교과서에 제시된 방법 이외에는 다른 방법이 없을 것이라고 생각하는 수업 프레임에서 어떻게 학생들의 배움이 이루어지겠는가?

마지막 프레임은 표준화된 수업 모형의 틀에 갇혀 있다는 것이다. 정형화된 프레임에 모든 과목의 수업을 적용하고 있다. 표준화된 틀을 사용해야 수업에 실패할 확률이 낮아지기 때문에 교과의 특성을 생각하지 않고 모든 수업을 넣어서 운영하는 경향성을 보였다. 정형화된 프레임이 현재에도 우리의 교실에 존재하고 있다는 것은 참 안타까운 일이다.

음악이나 예술 분야의 새로운 사조는 누군가 현재의 프레임을 새롭게 보고, 다르게 접근하면서 새롭게 탄생된다. 과학에서도 기존의 우리를 가두고 있는 프레임을 부정하고 새로운 법칙이나 원리를 찾으려는 과감한 도전의 결과로 과학은 발전해왔다. 우리의 배움을 방해하고 있는 낡은 프레임을 과감히 탈피하고 새로운 배움을 위한 노력이 절실하다 하겠다.

배움의 원동력은
무엇인가?

앞서 말했듯이 배움은 개인의 성장과 발전, 나아가 인류 전체에게도 변화를 주는 강력한 힘을 가졌다. 무엇이 자발적인 배움이 일어나게 할 수 있을까? 어떤 것이 우리가 배움의 열정을 가지게 하는가?

배움은 자기 성찰에서 온다

자발적으로 배우고자 하는 의지는 자기 자신에 대한 성찰을 통해 발생한다. 자기 성찰에 의한 배움은 기꺼이 자기 시간, 돈을 투자하며 배우고자 하는 열정을 보인다. 교사로서 나의 경험에 비추어 보면, 필요에 의한 연수에는 사비를 들여서라도 연수를 받고 참여율과 교육의 효과 역시 높았다. 하지만 관심이 없거나 억지로 받아야 되는 연수에 참여하는 경우 집중도와 효과성이 미미함을 경험할 수 있었다. 자기 성찰에 의한 배움이 가장 강력한 배움으로 이끈다.

중국의 고사 성어에는 자기 성찰의 중요함을 말하는 내용이 자주 등장한다. 먼저 《맹자》에 나오는 이야기다. 맹자는 '반구저기反求己' 를 언급했다. 반구저기는 활을 쏘아서 과녁에 적중시키지 못했을 때는 자기를 이긴 사람을 원망하지 말고 적중하지 못한 원인을 자기한테서 찾는다는 뜻이다.

먼저 자기의 활 쏘는 자세를 먼저 반성해야 한다는 것이다. 다시 말하면 어떤 일에서 부족했을 경우 그 원인을 자기 자신에게서 찾는다는 의미다. 우리가 일상생활에서 크고 작은 실패에 직면할 때 그 실패의 원인을 내부에서 찾는가, 외부에서 찾는가의 차이는 대단히 크다. 이것은 삶의 자세와 관련해서도 매우 중요한 의미를 갖는다. 우리는 대체로 자기의 작은 실수도 그 원인을 바깥에서 찾으려고 한다. 여기서 바깥이란 남이기도 한다. 반구저기는 우리의 내부를 먼저 보아야 한다는 것이다. 자기 성찰이 없는 상태에서는 어떤 배움도 도움이 되지 못한다는 의미다.

전통 활쏘기에서 강조하는 집궁 8원칙을 보면 '흉허복실胸虛腹實' 이 나온다. 가슴을 비우고 복부에 힘을 주라는 뜻이다. 뜻을 자세히 들여다보면 흉허복실은 궁술에서 중요한 것은 물 흐르듯 자연스러운 동작 등 기본적인 자세와 마음가짐이다. 기본을 잘 지키고 있는지 스스로 돌이켜 반성해야 한다는 뜻으로. 엄정한 자기반성의 자세를 말하고 있다.

장건익의 《철학의 발견》에 보면 '회광변조廻光返照'를 언급하고 있다. 회광변조는 원래 불교 용어다. 문자적인 뜻은 방향을 바꾸어 비춘다는 뜻이다. 이것을 철학적인 의미로 해석하면 밖에서 찾고 밖의 것에 의지하던 의식을 반대로 돌려서 자신의 마음을 들여다 본다는 뜻이다.

자기 마음을 모른 채 온갖 수단과 방법을 다해 앞을 향해 달려가지만 결국 자기에게 돌아오는 것은 고통과 불행이다. 원인은 자신에 대한 무지에 있다. 즉 문제의 원인이 내 안에 있고 답도 내 안에 있는데 자꾸 밖으로 나가 문제를 해결하려고 하면 어떤 시도도 무의미하며 반드시 실패한다는 뜻이다.

반구저기, 흥허복실, 회광변조는 모두 문제의 원인을 엄정하게 자기 자신에서 찾고 있다. 핵심은 깨달음의 근본을 자신의 내면을 돌아봄에서 확인하고 얻는 것이다. 자기 성찰과 반성이 중요함을 강조하고 있다. 자신의 내부의 성찰이 없이 행하여지는 모든 행동은 결국 자신에게 무의미함으로 돌아온다. 결국 깨달음을 마음에서 구하지 않으면 어리석어지게 됨을 의미한다.

우리의 배움도 마찬가지라고 생각한다. 외부에서 어떤 좋은 프로그램을 한다한들 스스로 성찰이 없는 것은 공염불에 지나지 않는다. 우리가 스스로 자신을 성찰하고 반성하는 가운데서 자신에게 필요한 부분, 부족한 부분을 찾아 스스로 배우려는 하는 자세가 중요하다.

결국 깨달음을 마음에서 구하지 않으면 어리석어지게 된다. 철저한 개인 성찰을 통해서 자신에게 부족한 것을 채워나가는 것이 배움을 이끌어가게 하는 원동력이 될 것이다.

배움은 자율성에서 온다

"관습의 전제가 있는 곳은 인간의 발전을 가로막는 심각한 장애물이 된다고 말한다."

이는 《자유론》의 저자 존 스튜어트 밀John Stuart Mill, 영국의 사회학자, 철학자이 한 말이다. 세계 역사를 보면 권위와 관습이 모든 문제에 대한 최종 결정권을 갖고 있으며, 관습을 따르는 것은 정의요, 올바른 것으로 통해왔다.

관습이 지배하는 사회에서 개인의 자율성은 찾아보기 어렵게 된다. 이런 관습이 지배하는 사회의 결과는 어떻게 될까?

한때 중국의 항해술과 지도 능력은 세계 최고를 자랑했다. 대표적인 예가 중국 정화 함대다. 정화는 명나라의 해군 제독으로 중국의 해군력을 세계에 과시했다. 정화 함대의 규모는 병사와 선원 외에 의사 등의 전문 인력을 포함하여 2만7,800여 명의 인원이 62척으로 이동했다. 선박의 크기 또한 오늘날의 유조선과 비슷한 규모였다고 한다. 정화 함대는 당시 콜럼버스나 바스코 다가마의 함대120톤급 배 3년치 식량, 승무원 170명에 비하면 그 규모를 짐작할 수 있다.

이처럼 엄청난 크기의 배를 만들 수 있는 기술력은 정말 대단하다고 볼 수 있다. 정화 함대의 원정은 유럽인보다 100여 년이나 앞서 동남아시아, 인도양, 아프리카, 이슬람까지 이른다. 하지만 중국은 홍의제에 의해서 중앙집권적으로 배 만드는 일을 중지하고 해금 정책을 취했다. 또한 그는 매우 보수적이고 유교적이어서 권위와 관습에 영향을 받아 형태를 중단하게 했다.

이때 이후로 중국의 뛰어난 항해술과 배를 만드는 기술력은 지속적으로 발전하지 못하고 쇠퇴하고 말았다. 결국 대항해 시대의 주인공은 대부분 콜롬버스, 바스코 다가마 등 유럽인이다. 정화 함대의 엄청난 규모와 그 기술이 지속적으로 발전했다면 아마 아메리카 대륙은 중국에 의해서 발견되었을 것이다.

중국과 반대로 유럽은 왜 정체되지 않고 진보할 수 있게 만들었는가?

유럽의 발전 원동력으로 핵심적인 요인은 바로 다양성이다.

유럽은 지리적 분할 상태에서는 서로 경쟁하는 수십 또는 수백 개의 독립 소국으로 발전해왔다. 이런 경쟁 구도에서 서로 혁신하지 않으면 다른 국가에게 지배당하거나 뒤떨어질 수밖에 없었다. 분열된 유럽의 국가들에서는 모든 국가의 사회적, 지적 다양성을 하나로 묶을 만한 강력한 중앙권력이 없었기 때문에 자유로운 탐구가 가능했고 이것이 기술과 혁신의 발전을 가져왔다.

이처럼 유럽은 개인이나 계급, 그리고 민족이 극단적으로 다르고 각자 엄청나게 다양한 길을 찾아헤매면서 가치 있는 것을 만들어낼 수 있었던 것이다. 만약 유럽 사람들이 다른 사람의 생각을 인정해주는 관용이 부족했다면, 오늘날 유럽이 성공하지는 못했을 것이다. 결국 배움의 성공은 개인의 다양성을 인정해주는 데서 비롯된다.

배움의 장인 우리 학교도 살펴보자.

학교에서 존재하는 다양한 관습의 굴레가 많다. 우리는 이런 굴레 아래에서 성장해왔기 때문에 관리자나 교사 자신도 쉽게 관습의 굴레에서 벗어나지 못하고 있다. 습관은 제 2의 천성이라고 했던가?

관리자나 교사의 관습적인 사고가 학생들의 교육이나 관리에 그대로 적용되는 경우가 학교에서 종종 발견된다. 관리자는 교사들의 개별성을 인정하지 않고, 교사들은 학생들의 개별성을 인정하지 않는 경우가 있다. 모든 교사나 학생들을 관습의 규제 아래에 통제하려고 한다면, 개별성은 무시될 수밖에 없을 것이다. 교육 현장에서 개별성을 보존하는 것이 학생들의 발전과 성장에 중요하지만, 학생들의 서로 다른 생각들이 조화를 이루고 성과를 내는 것은 결코 쉬운 일이 아니다. 개별성을 인정하게 되면 상황을 더욱 어렵게 만들 수 있고, 시간이 오래 걸리기 때문에 일률적인 방법으로 통제하게 된다.

학생의 자율성은 교사가 결정한다고 해도 과언이 아니다. 교사의 생각이 바뀌지 않으면 학생의 개별성은 자라날 수 없게 된다. 우리 교실이 획일적인 형태가 지배하게 되면 좀처럼 다시 되돌리기가 어렵게 된다. 학생들도 마찬가지로 획일적인 생각이나 행동에 익숙하게 되면서 순식간에 다양성과 벽을 쌓게 되며 교실에서 학생들의 성장은 기대할 수가 없게 된다.

프랑스 작가 프랑크 파블로프가 1998년에 발표한 작품인 《갈색 아침》에는 갈색만 허용되고, 갈색이 아닌 모든 것은 처벌의 대상이 되는 상황을 그린 작품이다. 이 작품을 읽으면서 우리 교육 현장의 수업이나 생활지도에서 이미 고정되어 있는 틀이나 형식이 우리 마음속에 깊숙이 자리 잡고 있지 않은지 돌아보게 된다. 이 틀 안에서 움직이지 않으면 이상하게 생각하고 조금 뻐 딱한 시선으로 바라보면서 거부하지는 않았는가?

아직도 우리 사회가 프랑크 파블로프가 이야기했던 갈색 세상 만을 추종하고 있지 않았는지 생각해보아야 할 것이다.

나의 배움이
업業이 된다

'당신의 업業은 무엇입니까?' 라는 질문을 받으면 어떻게 대답하겠는가? 막상 이런 질문을 받으면 평소에 생각해 보지 않는 사람은 명확한 답을 하기 어렵다. 이에 대한 답변을 하기에 앞서 업에 대한 개념을 살펴봐야 한다.

업은 불교 용어로 직업이나 일을 뜻하며, 갈마Krama라고 한다. 업의 개념은 '나는 누구인가' 에 대한 질문에 답하는 것이다. 확장해보면 업은 자기 직업을 바라보는 태도라고 볼 수 있다. 업의 본질은 변하지 않으나 시대에 따라 바라보는 관점은 달라질 수 있다. 국내에서 업에 관해서 처음 말한 사람은 삼성 이건희 회장이다. 이 회장은 술집을 예로 들어 말했다.

"여러분이 술집 경영자라고 생각해보라. 술집 경영자는 술장사가 업이라고 생각하는데 술집 경영자의 업은 수금收金이다. 매출을 늘리는 것도 중요하지만 수금이 가능한 매출, 손님을 기분

나쁘게 하지 않는 수금 방법, 수금 기간을 줄이는 좋은 프로세스 등에 관심이 있으면 그는 성공한다. 이런 것이 회사경영의 입장에서 바라본 '업'의 개념이다."

이건희 삼성 회장처럼 업의 개념을 제대로 파악하기 위해서는 입체적 사고와 발상의 전환을 통해 매크로macro와 마이크로micro, 하드Hard와 소프트Soft적 속성을 모두 분석해야 한다.

업은 입체적 사고를 통해 자신을 이해하고 기업이 영위하는 사업의 본질과 특성을 이해하여 직급에 따른 직무를 수행하는 것으로 정의할 수 있다.

업의 개념을 제대로 이해하는 것은 명확한 목적의식을 가지게 하고 변화는 물론 중요한 가치 창조의 이정표가 되리라 생각한다. 그래서 회사에서는 업業에 대한 명확한 방향성을 제시하여 그 힘을 활용하고자 노력한다. 이건희 회장은 업에 대한 의미를 정확히 파악했다고 볼 수 있다.

회사나 조직에서는 업의 개념을 보는 방향에 따라서 조직의 일하는 방식이 결정될 수 있다. 업의 개념에 따라 각종 시스템과 제도, 구성원의 마인드 등이 달라진다. 관리자나 구성원은 업의 개념을 알고 그에 따라 제도와 시스템을 설계하고 일하는 방식과 좋은 조직 문화를 만들면 회사는 높은 성과를 낼 가능성이 커지고 회사는 성장하게 된다.

현대 경영학의 아버지로 불리는 피커 드러커Peter F. Drucker, 미국의 경영학자의 세 석공의 이야기는 업을 바라보는 관점이 중요함을 말해준다.

경영자들이 회의에서 즐겨 인용하는 이야기 중에 "지금 당신은 무슨 일을 하고 있소?"라는 질문을 받았던 어느 석공 세 사람에 관한 이야기가 있다.

첫 번째 석공이 답하기를 "나는 지금 밥벌이를 하고 있소."

두 번째 석공은 "돌을 깎는 데는 이 지방을 통틀어 내가 최고 솜씨를 가졌다는 것을 보여주고 있소"라며 연신 망치질을 해 댔다.

세 번째 석공이 희망과 꿈이 번득이는 눈빛으로 올려다 보면서 말하기를 "나는 지금 성전을 짓고 있는 중이오."라고 했다.

- 피터 드러커, 《경영의 실제》 중에서 -

위의 세 석공의 이야기에서 우리는 업을 어떻게 바라보냐에 따라서 그 결과를 짐작해볼 수 있다. 세 석공의 일하는 방식에 따른 일의 성과는 정말 다를 것이다. 세 번째 석공의 태도가 가장 올바른 태도, 궁극적인 방법이다. 아마도 세 번째 석공의 업에 대한 태도는 자신의 석공 솜씨를 결정하는 중요한 요인으로 작용할 것이다. 같은 돌을 쪼개고 있지만 그 업을 어떻게 인식하고 있는

가에 따라서 배움의 과정과 결과는 엄청난 차이를 만들 수 있다. 이처럼 업을 바라보는 태도가 사람의 마음을 움직이고 성취를 만들어내는 작동 원리로 작용한다.

'당신의 업은 무엇입니까?' 라는 질문으로 우리는 그 사람이 업을 얼마나 이해하고 있는지와 그의 배움에 대한 열정과 성과를 가늠해볼 수 있다. 만약 의사에게 위의 질문을 던졌을 때 "돈을 벌기 위해서 환자를 진료한다"는 답변보다 "환자가 원래의 자기 삶으로 돌아갔을 때 보람을 느낍니다"라는 답변을 한다면, 스스로가 환자에 더 진지하게 다가가기 위해서 배움을 통한 전문성을 쌓아갈 것이다. 하지만 돈벌이로 환자를 보는 의사는 시간이 아무리 지나도 배움에 대한 갈망은 없어지고 평범한 의사로 전락할 것이다. 당신은 어떤 의사에게 몸을 맡기고 싶은가?

업을 바라보는 수준을 교육에 적용해보자. 학생들의 성장에 가장 중요한 영향력을 행사하는 선생님들에게 "선생님은 지금 무슨 일을 하고 있소?"라고 질문을 했을 때 과연 어떤 대답이 나올 수 있을까?

선생님들이 자신의 업을 바라보는 방식에 따라서 아마 다음과 같은 답변들을 추론할 수 있다.

"나는 지금 밥벌이를 위해 학생들을 가르치고 있소."

"나는 이 지방을 통틀어 내가 최고의 교사라는 것을 보여주기 위해서 열심히 연구해서 가르치고 있소."

"나는 역사에 길이 남을 제자를 기르기 위해서 오늘도 최선을 다하고 있소."

답변에 따라서 우리는 선생님들의 업에 대한 방향성을 예측할 수 있다.

교사들이 똑같이 가르치는 일을 하고 있지만 그 업을 어떻게 인식하고 있는가에 따라서 배움이 달라지고 교사의 성장은 차이가 날 것이다. 또한 선생님이라는 업을 어떻게 보느냐에 따라서 학생의 배움과 성장은 큰 차이를 보일 것이다. 만약 당신이 학부모라면 어떤 교사에게 학생을 맡기겠는가?

배움이
아우라Aura와 격格이다

우리는 생활을 하면서 "저 사람 아우라가 높다", "아우라가 높아서 접근하기 어렵다"라는 말을 한다. 아우라Aura는 후광, 광채 등의 의미가 있는 그리스어이며, 종교에서는 예배 대상물의 장엄함을 나타내는 용어다. 인체와 관련하여 언급할 때 아우라는 신체에서 발산되는 보이지 않는 기나 은은한 향기 혹은 사람이나 물건을 에워싸고 있는 고유한 분위기를 뜻한다.

사람은 누구나 고유한 분위기가 있지만, 그것이 다른 사람들에게 영향을 미치지 못할 때는 아우라가 있다고 부를 수 없다. 그 사람만이 가지고 있는 고유한 분위기는 있으나 그 분위기가 다른 사람에게 긍정적인 반향을 주지 못하면 그것은 아우라가 아니다. 자신만의 아우라가 없고 단지 타성에 젖은 사람에게는 특별한 기氣나 향기가 느껴질 리 만무하다.

다른 사람에게 영향을 미칠 수 있는 아우라는 어떻게 만들어

질까? 보이는 매력은 누구나 다르다. 얼굴, 몸집, 목소리 등 각자의 개성은 본질적으로 가지고 태어나기 때문에 나의 의지대로 관여할 수 없다. 물론 성형 등으로 겉모습은 바꿀지 모르나 이렇게 보이는 매력은 지속성이 없으며 금방 권태가 느껴지기 십상이다. 하지만 보이지 않는 매력은 쉽게 권태가 느껴지지 않는다. 이처럼 나를 만드는 보이지 않는 매력을 키우는 게 바로 자기만의 아우라를 만드는 것이다. 자기만의 아우라가 다른 사람에게 긍정적인 영향을 주기 위해서는 부단한 노력이 필요하다.

자신이 가지고 있는 나쁜 습관과 단점을 부단히 제거하고, 장점을 지속적으로 키워나가면 언젠가는 자신의 삶에 자신감이 묻어나오게 된다. 마치 조개가 진주를 만들기 위해서는 부단한 노력과 고통이 따르지만 결국 아름다운 진주가 바깥으로 비춰지는 상태가 바로 나만의 아우라가 되는 것이다.

아우라와 비슷한 한자어가 격格이다. 격을 국어사전에서 보면 '주위 환경이나 일의 형편에 걸맞게 어울리는 분수와 품위' 라고 정의한다. 격格은 흔히 그 사람이 가지고 있는 품격으로 생각할 수 있다. 그래서 격의 유무와 깊이에 따라서 그 사람의 됨됨이가 평가될 수 있다. 격이 높다는 말은 품격이 높다는 의미가 된다.

품격이 높은 사람은 그 사람과 잠깐만 이야기를 나누어도 느낄 수 있다. 이처럼 격은 그 사람이 외적으로 보이는 특성이 아니라 내적으로 보이는 특성으로, 격이 높은 사람은 다른 사람에게 긍정적인 반향을 줄 수 있기 때문에 아우라와 비슷하다고 생각할 수 있다. 아우라나 격을 높이기 위해서 필요한 배움에는 무엇이 있을까?

첫 번째는 시간이다.

여기서 시간은 숙성된 시간을 말한다. 한 사람의 격이 완성되기 위해서는 충분한 숙성 시간이 필요하다. 우리가 어떤 식당을 들어가면 그 식당의 고유한 분위기가 있듯 사람은 각기 다른 분위기를 가지고 있다. 우리는 이런 분위기를 모두 격이나 아우라가 있다고 말하지 않는다. 다른 사람을 감동시킬 수 있거나 미묘한 영향을 줄 수 있는 아우라나 격을 가지기 위해서는 오랜 기간의 숙성 기간이 필요한 이유다. 자신만의 아우라나 격을 만들기 위해서 부단한 자기 노력이 필요하다. 자신의 장점을 최대한 계발하고 단점을 최소화하는 지속적인 배움만이 자신만의 아우라나 격을 만드는 길이다.

둘째는 태도다.

태도는 영어로 '애티튜드attitude'라고 번역하지만 라틴어 '앱투스'에서 유래한 말로 무언가를 행할 준비가 된 상태를 지칭하는 말이다. 무언가를 실천하고자 하는 마음의 상태가 먼저 필요하다. 내가 나의 격이나 아우라를 만들고자 하는 마음가짐이 없으면 자신의 변화를 주장하는 것은 공허한 말장난일 뿐이다. 그래서 태도는 그 사람의 생애에서 삶을 좌우하는 가장 중요한 요소다. 나의 태도는 다른 사람이 나를 평가하는 기준이자 자신이 성공에 이르는 요소다. 격이나 아우라가 높은 사람은 외부의 영향으로 흔들리지 않고 항상 같은 태도를 취하게 된다. 아우라와 격을 높이기 위한 올바른 마음을 담은 한결같은 태도가 중요하다.

마지막으로 절제다.

절제는 정도를 넘지 않도록 알맞게 조절하거나 제어하는 것을 의미한다. 절제는 자신의 분수를 넘지 않는 것을 말한다. 일단 자신의 능력보다 높은 분수를 넘게 되는 순간 기존에 유지되어 왔던 모든 것들이 함께 흔들리게 된다.

우리는 외부의 환경에 영향을 받는다. 외부의 환경에 쉽게 휘둘리는 사람은 절제의 미를 컨트롤하기 어렵다. 주변의 환경이 나의 행동을 지배하게 하지 말고, 나의 변화를 이끌기 위해서 나의 환경을 조성해주는 것이 더 중요하다. 내가 실천하기도 어려운 것들에 대한 희망만을 품고 있으면 이것은 단지 관념이지 행동이 아니다. 자신의 분수를 넘지 않는 범위에서 실천 의지가 더

실효성이 있다. 실천 의지가 밑바탕이 되면 주변의 환경은 언제든지 나에게 유리한 환경으로 만들어질 수 있다.

자기만의 아우라나 격을 만들어보자. 그러나 나만의 아우라나 격은 쉽게 형성되지 않는다. 배움을 내 것으로 만들고 지속할 수 있도록 노력해야 한다. 정중하고 우아한 태도와 미소, 열정과 집중력, 언어에서 느껴지는 신뢰감, 그리고 보이지 않는 특징이 결합되어 나타난다. 나만의 장점과 좋은 습관들은 오랜 시간의 노력, 태도, 절제 등이 어우러져 쌓인 격조 높은 퇴적물과 같다.

여러분은 오늘 자신의 아우라와 격을 높이기 위해 무엇을 배우겠는가?

3장

배움으로
창의성을 키우다

세 가지
질문

첫 번째 질문, 당신은 창의적입니까?

이런 질문을 받으면 대부분의 사람들은 '창의적이지 않다' 고 대답한다. 그 이유는 창의성이 일부 뛰어난 사람들의 전유물이라고 생각하기 때문이다. 또한 창의성이 뛰어난 사람들의 이야기는 평범한 사람의 이야기가 아니라 일부 특별한 천재들의 이야기로 생각하면서 자라왔다. 그래서 창의성에 관해서는 뭔가 비범한 사람들만이 만들어낼 수 있는 것이라는 생각에 우리 뇌는 익숙해져왔다.

두 번째 질문, 우리는 왜 창의적이지 못할까?

일반적으로 우리의 일상은 창의성을 요하지 않는다. 항상 반복되는 생활에서 우리는 창조적인 생각을 할 필요가 없다. 창조적이지 않아도 생활하는 데 지장이 전혀 없기 때문이다.

우리는 습관에 의해서 행동하며, 직장이나 학교에서도 마찬가지다. 우리가 매일 가르치는 방법이나 직장에서 일하는 방법도 습관의 지배 아래 있다. 습관을 바꾼다는 것은 노력이 들어가기 때문에 귀찮아지게 된다. 그래서 우리는 항상 하던대로, 습관대로 살아간다.

이런 일상의 익숙함에 길들여져 있다. 우리는 이미 습관의 매뉴얼이 있어서 그 과정 속에서 움직이기 때문에 창의적이지 않아도 많은 것을 해낼 수가 있다. 우리의 신념 체계는 새로운 생각이나 방법을 방해하고 있다.

로저 본 외흐Roger von Oech, 미국의 최고경영자은 《생각의 혁명》에서 이런 상태를 '정신적 감옥'이라고 했다. 늘 습관의 지배를 받고, 항상 규칙만을 준수하고, 실수가 두려워 새로운 시도를 하지 않고, 자신의 분야 외에는 관심이 없으면 우리는 결코 정신적 감옥을 탈출할 수 없다. 우리를 가두고 있는 정신적 감옥을 어떻게 탈출할 수 있을까? 니체는 "새로운 것에 대한 선의, 익숙하지 않는 것에 대한 호의를 가져라"라고 이야기 했다.

세 번째 질문, 창의성을 계발하기 위해서는 어떻게 해야 할까?

칼 앨리Carl Ally, 미국의 광고 기획자는 먼저 많은 지식을 습득하고 경험하라고 했다. 하늘 아래 새로운 것은 없다. 기존의 것을 새롭게 해석하고 실마리를 찾아 조합하고 재창조하기 위해서는 기존의 많은 지식을 이용하기 때문이다. 또한 다양한 것을 많이 접해야 한다. 직접 경험하는 것이 중요하다. 창의적 영감은 나의 몸과 마음이 체험하는 현장에서 자극을 받고, 거기서 싹튼 호기심과 영감 등이 새로운 조합을 이끄는 것이다.

두 번째 방법은 다른 분야의 새로운 사람과 만나 소통하는 것이다. 모든 연구 분야에서 연구자 간의 소통은 필수적인 요소다. 그래서 자신의 분야 외의 사람들과 교류를 넓히고, 다양한 분야에서 꾸준히 연수 및 세미나 등을 참가하여 새로운 자극을 지속적으로 받는 것이 중요하다.

타인과 소통을 하는 동안 자신이 습득한 지식을 활용하고, 다른 분야의 경험을 넓히면서 관점을 변화시킬 수 있다. 평범한 것을 비범하게 만들 수 있고, 남들과 같은 것을 보았지만 다르게 생각할 수 있다. 분야가 다른 사람을 만나서 서로 의견을 교환하는 가운데서 내 생각에 새로운 생각이 더해져서 창의적인 아이디어로 연결될 수 있다.

또한 자신의 연구 결과를 효과적으로 글로 쓰거나 언어로 표현하는 능력을 기르면서 언어의 상상력과 논리, 다른 사람을 배려하는 마음 등 여러 가지 인성 요소도 함께 길러야 한다. 소통 능력은 창의적인 사람들에게는 필수적인 능력이다.

세 번째 방법은 책을 읽되 생소한 분야의 책을 읽어야 한다. 자신이 좋아하는 분야, 자신의 전공 분야의 책만을 읽는 사람은 결코 창의적인 생각을 만들어 낼 수 없다. 특히 교사의 경우 자신의 전공 분야 외에도 인문사회, 예술 분야 등에 대한 감각적 소양을 독서를 통해서 습득해야 한다.

다양한 분야에 관심을 두지 않는 교사는 창의적인 수업을 실현하는 데 치명적인 약점이 될 수 있다. 교사 자신이 융합에 대한 소양이 없다면 결코 융합적인 능력을 학생들이 배우게 할 수 없을 것이다.

마지막으로 여유를 가지는 것이다. 우리는 늘 바쁘게 살고 있다. 혼자만의 시간을 만들어낼 여유가 없다. 창의성의 토양은 자신만의 공상을 통한 여유의 시간을 확보하는 것이다.

창의성 계발을 위한 노력의 과정은 순탄치 않다. 짧은 노력으로 창의성은 발현되지 않는다. 박경철은 《자기혁명》에서 창의성 계발의 과정을 다음과 같이 말했다.

"실패하지 않는 사람은 아무것도 하지 않는 사람이다." 우리는 어릴 때 수도 없이 넘어지면서 걷는 데 천재가 되었다는 것을 잊지 말아야 한다. 그 누구도 넘어지면서 일어나라는 명령에 따른 것이 아니다. 스스로 하려고 해서 이룬 일이다. 실패를 하고도 다시 일어서는 사람들은 그 실패마저도 즐겁다. 성공에 한 걸음 더 다가설수 있는 '무언가' 를 배운 기회였기 때문이다. 에디슨 식으로 말하면, 천재란 2,000번 실패해도 다시 시작하는 능력을 가진 사람이며, 창의성은 2,000번 실패한 뒤에 얻을 수 있는 빛과 같은 것이다.

-박경철의 《자기혁명》중에서-

임계점, 1만 시간의 법칙, 100마리째 원숭이 현상 등도 창의성의 발현에는 인내와 여유가 필요함을 말하고 있다. 내가 꾸준히 노력하고 있다면 언젠가는 행운의 여신이 나를 피해가지 않을 것이다. 노력과 기다림의 발효 과정이 성숙되면 행운의 여신은 반드시 나에게 온다.

당신은 창의적이길 바라는가? 그러면 익숙함을 넘어설 수 있는 방법을 실행에 옮기자. 다양한 분야의 독서와 경험, 새로운 사람과의 만남, 몸으로 실천하는 행동, 임계점에 도달하기 위한 지속적인 노력, 여유는 창의성이 자랄 수 있는 토양을 마련해줄 것이다.

마따호세프

《서울대에서는 누가 A+학점을 받는가》를 연구하여 큰 반향을 일으킨 이혜정 교수의 연구 결과는 우리에게 많은 생각거리를 제공해주고 있다. 서울대와 비슷한 규모의 미시건 주립대와 서울대의 학생들중 최우등생 1,100명에 대한 심층 조사를 실시하여 과연 서울대와 미시건대에서는 어떤 인재를 키우고 있는가를 조사한 연구이다.

책이 출판된 후에 우리 교육에 새로운 문제를 제기한 문제작이 되었다. 우리나라 교육이 어디로 향해야 하는가에 대한 중요한 질문을 던져주고 있다.

필자가 미국 유학시절에 경험한 대학 생활을 떠올려보면, 미국 대학의 수업이나 과제들은 혼자하는 것보다는 팀 과제가 많았다. 팀이 서로 협력하지 않으면 좋은 점수를 받기 어렵기 때문에 혼자의 생각보다는 팀원들이 서로 협력하고 논의하면서 좋은 과제를 제출하는 것이 중요했다. 개인별 과제도 일반적인 내용, 공통적인 내용, 교수가 말하는 내용보다는 창의적인 방법으로 보고서를 작성해야 좋은 학점을 받을 수가 있다. 수업 과정에서도 일방적인 전달 위주가 아니라 학생들과 상호 토론으로 수업 중에 질문은 언제나 환영되었다.

그런데 우리나라 최고의 대학인 서울대에서 A+를 받은 학생들의 비결은 무엇이었을까?

그 비결 몇 가지는 나에게 큰 충격을 가져다주었다. 서울대에서는 비판적 창의적 사고력보다는 수업에서 교수의 모든 말을 노트해서 줄기차게 외운 후에 자신의 생각보다는 교수의 생각을 그대로 적은 학생들이 있다. 또한 팀 프로젝트조차 팀원과의 협업보다는 개인 혼자의 역량으로 자신을 표현해야 좋은 학점을 받았다.

최고의 지성이 만나는 대학교이기에 교수와 학생들의 열띤 토론과 논쟁을 기대했지만 그것은 나의 착각이었다.

저서에 의하면 비판적 창의적 사고력이 높은 학생이 A+를 받는 구조가 아니다. 시험에서 자신의 생각을 적은 학생은 좋은 성적을 받지 못한다. 무식하다 할 정도로 교수의 말을 전부 받아 적고, 혹시 받아 적지 못한 것이 있을 것을 대비하여 추가적으로 녹음까지 하여 수업 중에 이루어진 모든 교수의 말을 필기한다. 그리고 시험에서 노트 필기를 철저히 암기하여 그대로 적으면 A+를 받았다. 한마디로 서울대에서는 창의적이고 비판적인 사고력을 기르기보다는 자신의 생각을 포기하고 교수의 생각을 따라가는 학생이 우수한 성적을 받았다. 스승보다 더 나은 제자를 가르치는 것이 목적이지만 스승보다 더 나은 제자를 기르지 않는 학교가 되어가고 있었다.

'청출어람 청어람青出於藍 青於籃'은 《순자》의 〈권학편勸學篇〉에서는 나오는 말로 '쪽에서 뽑아낸 푸른 물감이 쪽보다 더 푸르다' 는 뜻으로 제자가 스승보다 뛰어남을 나타낼 때 사용한다. 그러나 A+학점을 받는 서울대생들에게는 교수의 강의에 대한 창의적, 비판적 사고력 보다는 지식의 수용적인 태도를 가졌기 때문에 '청출어람 청어람'은 찾아볼 수 없었다.

미국 대학에서는 과연 A+를 누가 받는가? 서울대와 비슷한 규모인 미시건대에서는 서울대와는 정반대로 학생들을 기르고 있다. 수업 시간에는 노트 필기가 필요가 없고, 교수의 생각보다는 자신의 생각을 적은 학생들이 우수한 학점을 받았다. 미시건대는 수용적 학습자보다는 창의적이고 비판적 사고력을 갖춘 학생들을 기르는 데 중점을 두고 있었다. 특히 혼자 하는 공부보다는 팀워크를 중시하고 과제의 대부분이 프로젝트를 함께 해결해가면서 협업과 리더십 능력이 향상될 수 있도록 하고 있다.

이스라엘에서 가장 많이 쓰이는 단어가 '마따호세프' 다. 영어로는 'What do you think?' 정도로 표현할 수 있다. 이 말의 의미는 '너의 생각은 무엇이니?', '너는 어떻게 생각하니?', '너는 왜 그렇게 생각하느냐?' 등으로 해석할 수 있다. 선생님의 생각보다는 자신의 생각이 무엇인지를 가장 중요하게 생각하고 있다는 이야기이다. 교실에서도 '마따호세프' 와 같이 교사와 학생, 학생과 학생들은 계속되는 질문과 답변 과정을 통해 자신의 생각을 정리하게 한다.

정답이 정해져 있어서 하나의 정답만을 말해야 하는 우리 모습과는 사뭇 다름을 알 수 있다. 마따호세프에 익숙한 이스라엘 학생들은 자연스럽게 이렇게도 저렇게도 생각할 수 있고 말할 수 있으며 또 그것을 듣고 자신의 생각은 어떠한지를 상대에게 말하면서 서로 성장한다.

마따호세프를 적용한 수업 방법이 '하브루타' 다. 하브루타는 짝을 지어 질문하고 대화하고 토론하고 논쟁하는 것, 함께 이야기를 나누는 것을 의미한다. '하브루타' 는 유대인이 탈무드를 통하여 몇 천년 동안 이어온 말하는 공부법이다. 두 명이 짝을 지어 대화하고 토론하는 것이 핵심이다. 질문을 주고받는 과정에서 서로의 생각이 확장되고 사고의 틀이 깨지는 경험을 하게 된다. 또한 자신의 생각을 상대편에게 논리적으로 설명하는 능력이 길러진다. 이처럼 나의 생각과 상대방의 생각을 공유하기 위해서는 '마따호세프'가 사용된다.

　자신의 생각은 혼자 자라는 것이 아니다. 혼자하는 공부보다는 함께 공부하는 즐거움 속에서 자신의 생각을 키우는 것이다. 다른 사람과 함께 공부하는 과정에서 서로의 생각을 공유하면서 협동의 역량을 키워가고 자신의 생각을 정리하고 키워나가게 된다. 자신의 생각뿐만 아니라 상대방의 생각도 함께 성장하게 된다.

　2015 개정 교육과정에서는 역량중심 교육과정을 중요시하고 있다. 역량이란 기존의 지식 수용자가 아닌 지식 창조자를 기르자는 것이다. 기존 지식을 수동적으로 소비하는 것에서 탈피하여 기존 지식을 이용하여 머릿속에서 새로운 것을 창조하는 능력이 바로 역량이다.

　최진석 교수의 《인간이 그리는 무늬》에서도 강조한 것이 바로 역량통찰이다. 역량이 나오는 기반을 다른 사람의 생각을 따라가는 것이 아니라 자신의 생각을 키워갈 때 가능하다고 했다. 이런 역량의 바탕은 혼자가 아닌 함께하는 배움에서 비롯된다. 함께 배운다는 것은 내 생각이 다른 사람의 생각과 공유되고 다른 사람의 생각이 내 생각과 공유되는 과정에서 새로운 생각으로 확장될 수 있다는 것이다. 자신의 생각은 존재하지 않고 단지 교수나 교사의 생각만을 따라가는 교육 현장에서 자신만의 주체적인 생각이 자란다는 것은 불가능하다.

'마따호세프', '네 생각은 무엇이니?', '너는 어떻게 생각하니?'

이런 질문이 넘쳐나는 교실에서 아이들이 함께 배우고 나누면서 자신만의 생각을 기르며 창의성, 비판력을 키워나가는 교실을 함께 상상해보면 좋겠다.

여섯 번째
사과

사과하면 무엇이 떠오르는가?

우리는 사과 하나로 다양한 생각을 떠올린다. 우리 모두가 똑같은 사과만을 떠올리지 않는다. 자신의 잘못을 인정하고 용서를 빈다는 의미의 사과Apology, 나무의 열매를 의미하는 사과 Apple, 요리로 다채로운 풍미를 누리는 사과 등 제각기 모두 다른 생각으로 자신의 생각을 갖게 된다.

사과를 바라보는 다양한 생각의 틀로 세상을 해석하여 새롭게 탄생되는 경우를 인간의 역사에서 찾아볼 수 있다. 성경의 창세기에 사과가 제일 먼저 등장한다. 인류 최초의 인간은 아담과 이브이다. 에덴의 동산에서 뱀의 유혹에 넘어가 사과를 따먹은 이브는 아담에게도 사과를 주게 된다. 아담과 이브는 선악을 알게되고 낙원에서 쫓겨나게 된다. 이로부터 모든 악이 사과로부터 온다는 이야기다. 사실 성경에는 선악과가 '사과' 라로 지칭되어 있지 않는데, 영국의 시인인 존 밀턴이 《실락원》에서 선악과를 사과로 표현하면서부터 우리는 선악과를 사과로 인식하고 있다. 어찌되었든 이브가 사과를 먹고 에덴 동산에서 쫓겨나면서 인류의 역사는 시작되었다.

그리스 로마 신화의 '파리스의 심판'에도 사과는 등장한다. 이때의 사과는 아름다움의 상징이다. 여러 신 중에서 에리스만이 펠레우스와 테티스의 결혼식에 초대받지 못하자, 하객들을 향해 "가장 아름다운 자를 위하여"라는 글이 씌어진 황금 사과를 던졌다. 그런데 헤라, 아프로디테, 아테나 셋은 사과를 갖기 위해서 경쟁을 한다. 제우스는 헤라, 아테나, 아프로디테 3명의 여신 가운데 누가 가장 아름다운가를 결정할 사람으로 파리스 트로이왕 프리아모스의 아들를 선택했다. 헤라는 권력을 주겠다는 제안을 했고, 아테네는 지혜를, 아프로디테는 가장 아름다운 여인을 주겠다고 제안을 했다.

파리스는 이 세상에서 가장 아름다운 여인을 얻도록 도와주겠다는 아프로디테의 제의를 받아들여 아프로디테를 사과의 주인으로 선정했다. 아프로디테는 파리스와의 약속을 지킨다. 헬레나와 파리스가 서로 사랑을 하게 된다. 그러나 그녀는 스파르타의 왕비였고, 이로 인해 그리스 연합군이 뭉쳐 트로이를 침략했고 10년 동안 전쟁을 하게 되어 트로이는 멸망하게 된다.

근대에서 사과는 과학 혁명의 대명사가 된다. 영국의 케임브리지 대학에서 공부 중이던 뉴턴은 흑사병이 창궐하여 학교가 문을 닫자 자신의 고향인 올스롭에 머무르게 된다. 어느 날 뉴턴이 집 앞의 사과나무 아래 앉아 있던 중 자신의 머리 위로 사과가 떨어지는 것을 보고, '왜 사과는 위나 옆이 아니라 항상 아래로 떨어지는지' 의문을 갖게 된다. '왜 사과는 아래로 떨어지지?', '왜 달은 아래로 떨어지지 않는 거지?'

너무도 당연하게 생각되어서 아무도 궁금하지 않았던 것에 대한 창의적인 질문이 결국 인류 지성사에 위대한 결과물인 만유인력의 법칙을 발견하는 계기가 되었다. 인류를 중력의 시대에 살게 한 뉴턴의 사과는 이브의 사과만큼 유명해졌다. 뉴턴의 사과는 근대 과학 혁명의 시작을 알리는 중요한 혁명이 되었다.

역사를 바꾼 위대한 사과가 또 하나 있다. 바로 빌헬름 텔 Wilhelm Tell, 전설의 영웅의 사과다. 빌헬름 텔의 사과는 자유와 독립을 상징한다. 13세기 오스트리아의 함스부르크 왕가의 지배하에 있던 스위스를 배경으로 사냥꾼 빌헬름 텔이 잔인한 영주인 게슬러의 음모를 이겨내고 복수해 게슬러를 죽이고 마침내 스위스가 합스부르크 왕가로부터 독립을 쟁취하게 된다는 내용이다. 게슬러가 빌헬름 텔에게 아들의 머리에 놓인 사과를 쏘는 거리는 80보로 하라고 제시하자 빌헬름 텔의 아들 발터는 "아버지는 나무에 달린 사과를 100보 밖에서도 맞춥니다"라고 응수했다. 빌헬름 텔은 아들의 머리 위에 놓인 사과를 맞추었고 그의 화살은 스위스의 자유와 독립 정신으로 이어져 독립을 이룬다.

프리드리히 실러Friedrich Schiller작품으로 스위스 사람을 넘어 전 세계인에게 자유에 대한 열정을 불러일으키며 자유를 향해 날아가는 화살이 되었다. 발칸 반도가 원산지인 사과가 전 세계로 확산된 것처럼 빌헬름 텔의 사과에서 시작된 자유와 독립의 물결은 전 세계로 퍼져갔다.

이처럼 인간의 역사를 바꾼 네 개의 사과가 있었다. 아담과 이브가 하느님의 경계를 듣지 않고 낙원을 쫓겨나게 된 금단의 열매인 사과, 둘째는 세 명의 여신의 불화로 인하여 트로이 전쟁을 이르게 한 파리스의 사과, 셋째는 뉴턴의 만유인력의 법칙에 근대 과학 혁명을 일으키게 한 사과, 마지막으로 빌헬름 텔의 사과다.

첫 번째 사과는 헤브라이즘Hebraism-기독교을, 두 번째 사과는 헬레니즘Hellenism-문예부흥를 의미한다. 세 번째 사과는 근대 과학의 탄생을 의미하고, 네 번째 사과는 근대 정치 사상을 의미하고 있다.

세상을 놀라게 한 사과는 현대에도 등장한다.

다섯 번째 사과는 세계적인 IT기업 애플사의 로고인 한입 베어먹은 사과다. 애플의 사과는 현대 스마트폰의 혁명을 일으켰다. 애플의 로고의 기원은 영국의 록밴드인 비틀즈가 설립한 회사의 이름이 애플Apple Corps에서 비롯되었다.

비틀즈의 폴 매카트니는 초록색 사과를 애플의 로고로 등록한다. 그는 벨기에의 초현실주의 화가 르네 마그리트의 그림에 등장하는 초록색 사과를 좋아해서 사과 로고를 사용했다고 한다. 그런데 스티브 잡스가 자신이 세운 애플사의 로고를 디자이너 로브자노프에게 비틀즈의 사과를 모티브로 만들 것을 의뢰했다. 그 결과 한 입 베어먹은 사과가 탄생되었다. 애플사의 로고인 한 입 베어먹은 사과는 바이트bite를 의미하지만, 컴퓨터 용어인 바이트bite로 발음이 똑같다. 애플의 로고인 사과는 현재 혁신과 창의성을 대표하는 상징이 되고 있다.

4차 산업혁명 시대의 도래와 더불어 인류 지성사에 커다란 혁명을 일으킨 사과가 여섯 번째의 주인공을 기다리고 있다. 누가 창의성의 바탕 위에 배움을 자기 것으로 만들어 여섯 번째 사과의 주인공이 누가 될 것인가?

화이부동 &
동이불화

　《논어》의 〈자로편子路篇〉에 보면 "군자는 화목하되 부화뇌동
하지 않고, 소인은 동일하되 화목하지 않다子日 君子 和而不同 小人
同而不和"라고 말하고 있다. 여기에서 화이부동이라는 말은 다양
성의 가치를 존중하는 사회를 말하고 있다. 즉, 군자는 다양성을
인정하고 지배하려고 하지 않으며, 소인은 지배하려고 하며 공
존하지 못한다는 뜻이다. 나와 다르지만 화목하게 지내는 것이
군자다. 반면 소인은 이익만을 추종하기에 이해관계에 문제가
있으면 한시라도 등을 돌리므로 화합하지 못하게 된다.

　동이불화同而不和는 이루기 쉽다. 나하고 생각이나 목적이 같은
사람들과 만나서 어울리며 이해관계를 관철하는 것은 어렵지 않
다. 옳고 그름을 따지지 않고 이해관계에 따라 모였다 흩어지기
를 되풀이하는 양태로, 이해관계가 일치하면 단단히 뭉쳤다가도
이해관계가 사라지면 금방 흩어지게 된다.

화이부동和而不同은 사람의 생각이 다르다는 것을 인정하고 서로 받아들일 수 있는 합리적인 방법을 중시하는 것이다. 화합하려면 상대방은 나와 다른 사람이라는 것을 인정해야 한다. 생각이 다르고 살아가는 방식이 다른 타자의 존재를 인정하고 받아들이며 그와 대화하고 공동의 이해가 만나는 지점을 찾기 위해 노력하는 것이 화합의 과정이다. 그래서 화합은 다양성을 인정하는 것을 기본으로 한다. 생각과 계층이 다르고 지역과 문화가 다르지만 그것을 인정하고 아우르면서 대립을 최소화하여 서로 갈등이 일어나지 않게 하는 것이 군자가 가야 할 길이다.

화이부동과 동이불화가 잘 표현된 것이 바로 최인수가 《창의성의 발견》에서 말한 복합가족Complex Family이다. 복합가족은 유타 대학의 라순디Kevin Rathunde 교수가 명명했다. 복합가족은 통합integrated과 분화differentiated라는 두 가지 기준으로 평가될 수 있다. 가족이 통합되었다는 것은 가족의 구성원이 서로 협력하고 구성원 모두가 가족에 대한 소속감과 편안함을 느끼는 상태를 말한다. 분화되었다는 것은 가족 한 명 한 명이 스스로의 정체성과 목표를 찾을 수 있도록 가족들로부터 격려와 지원을 받는 것을 말한다. 즉 자신의 능력을 찾아갈 수 있도록 최대한 기회를 부여한다는 말이다.

복합가족의 형태를 교육에 적용해보면 복합교실Complex Class이 창의적인 학생을 키울 수 있는 형태라고 볼 수 있다. 자신이 맡은 반의 학생들이 서로 협력하는 가운데서 모두가 소속감과 편안함을 느끼는 상태를 만들어주고통합 이와 더불어 학생 하나하나가 스스로의 정체성과 목표를 찾을 수 있도록 교사나 친구들로부터 격려와 지원을 받고 자신의 능력을 찾아갈 수 있도록 기회분화를 가져야 한다. 즉, 구성원 간의 협력과 조화, 경쟁과 협동이 학생들의 창의성을 키우는 가장 중요한 요소임을 말해주고 있다.

학교에는 다양한 흥미와 소질을 가진 학생들이 있다. 언뜻 보면 다양한 배경과 문화를 가지고 있는 학생들의 집합소와 같다고 할 수 있다. 학교는 화이부동의 전형이다. 교사들은 화이부동의 상징인 교실을 자꾸 동이불화로 만들고 있지 않은지 경계해야 한다. 학생들의 다양성을 전혀 인정하지 않고, 교사의 권위로 지배하려 들지 않았는지 살펴보아야 한다.

교사 자신은 자신의 교실을 화이부동 하다고 주장하지만, 수업을 들여다보면 동이불화인 경우가 있다. 교사들은 오랫동안 칠판을 등지고 교탁을 앞으로 해서 교과서를 가르치고 해설하는 일방적인 수업에 익숙해져 왔기에 때문에 교사는 자신이 가르치는 것이 그대로 학생들에 의해서 학습된다고 생각하는 경향이 강하기 때문이다. 그러나 교사가 가르치는 것과 학생이 배우는 것이 일치하는 경우는 극히 드물다.

언젠가 과학 수업을 관찰한 적이 있다. 곰팡이 관찰 수업 이였는데 조별로 집에서 배양해온 곰팡이를 단위시간에 관찰하고 발표하는 수업이다. 학생들은 자신이 배양해온 곰팡이를 열심히 관찰하고 관찰한 내용을 모둠별로 발표했다.

그런데 모든 모둠의 발표 내용이 똑같았다. 발표의 내용을 보면 균사, 포자 등의 용어를 사용하면서 발표했는데 어쩌면 하나같이 발표 내용이 똑같은지, 꼭 누군가가 미리 발표 내용을 알려준 것 같았다. 발표 내용은 누가 보아도 곰팡이에 관한 것이었다. 하지만 학생들은 과학 수업을 한 것이 아니라 단지 선생님이 원하는 내용만을 발표하고 있었다. 그 수업에서 교사의 역할은 관찰로부터 생기는 학생들의 호기심을 자극하는 것이 아니라 발표 내용을 보고 단지 피드백만 해주면서 자신이 원하는 방향으로 수업을 마무리하는 것이었다.

혹자는 이런 수업을 보고 참 깔끔한 수업이라고 한다. 하나도 군더더기가 없고 수월하게 정리까지 마무리했기 때문이다. 하지만 이 수업은 과학 수업이 아니다. 단지 교과서의 내용을 확인하는 수업이다. 곰팡이 관찰 수업에서 어떻게 학생들이 하나같이 똑같은 관찰 결과가 나올 수 있을까? 어떻게 이런 이름뿐인 관찰 수업에서 학생들의 질문이 생기고 창의적 생각이 생겨나겠는가?

어린 시절을 돌이켜보면, 우리는 주변 세계에 대해서 호기심이

왕성하여 끊임없는 질문을 했고, 창의적인 생각들로 해결해 나가려고 노력했다. 그렇지만 안타깝게도 어렸을 때의 이러한 본능들이 자라면서 사라진다. 우리의 교육을 되돌아보자. 배움의 장인 학교에서 우리 모두 무언가를 배웠는데, 우리의 호기심이 사라지고 있다는 것은 분명 우리 교육 문화가 잘못되고 있다는 반증이다.

창의성과 다양성이 사라진 교실은 일련의 관행적인 절차가 교실을 지배하고 있을 것이다. 발언 순서나 발표 방식, 필기 방식 등 많은 규칙이 교실을 지배하고 있어서 이런 명시적이고 암묵적인 규칙이 학생들의 배움을 규제하고 있다. 우리는 일련의 이런 규제가 학생들의 배움을 방해하는 것을 인지하지 못하고 있다. 수업이라는 세계는 살아 있는 교사가 살아 있는 학생을 대상으로 운영하고 있는 생물과 같은 세계다. 이런 살아 있는 생물에게 어떻게 많은 규칙으로 통제가 가능하겠는가? 교사는 수업을 하나의 소우주로서 수업을 성찰하고 수업을 창조적으로 재인식해야 한다.

최근에 수업에 관해 선생님들과 잠깐 이야기를 나눈 적이 있다. 이야기가 오가는 중에 선생님들이 한 가지 중요한 점을 간과하고 있음을 발견했다. 바로 다양성의 부족이다. 같은 프레임만 공유하고 있는 곳에선 새로운 프레임이 나오기 어렵다. 수업에서 획일성은 바로 공자가 말했듯이 동이불화이다. 이제까지 자신들이 만들어놓은 프레임으로 지배하려 들기 때문이다. 그런데 이 프레임이 올바르면 좋은데, 올바르지 않다는 것이 문제다.

우리는 환경에 지배받는 동물이다. 아무리 뛰어난 자도 자신을 감싸고 있는 환경에서 벗어나지 못하는 경우가 많다. 즉 자신을 둘러싼 테두리 안에서만 연구하면 그 한계를 벗어나기 어렵다는 것이다. 이것이 흔히 말하는 우물 안의 개구리다. 우물 안의 개구리가 되지 않으려면 시대의 흐름을 통찰하고 그에 맞는 다양한 시도와 연구를 병행해야 한다. 이것이 되지 않을 때는 아무리 큰 노력을 기울였다해도 공허한 메아리로 들릴 뿐이다.

창의적이기 위해서 일단은 서로 다르다는 것을 인정해야 한다. 그 다름에 대한 인정에 우리는 너무나 인색하다. 학교에 가면 먼저 선으로 그려진 닭이나 얼룩말 그림 속을 크레용으로 색깔 칠하기부터 배운다. 색칠할 때는 색이 선 밖으로 나와서도 안 되고, 얼룩말을 빨간색으로 칠하는 것도 이상하게 여기는 분위기다. 학생들의 상상 속에 빨간색 얼룩말 한 마리쯤 있어도 괜찮을 것 같은데 우리는 이것을 용인하지 않는다. 다름이 곧 틀림으로 통하기 때문이다.

다시 공자가 지적했던 것으로 돌아가 보면, 공자는 "같지 않으

나 조화로운 상태가 화이부동이다"라고 했다. 군자의 화이부동
이란 남과 차이를 갖되 같아지려 하지 않는 것이다. 반면 소인은
무조건 남과 같아지려 한다.

우리의 교육 현장은 어떠한 사람을 기를 것인가? 무조건 남과
같아지려는 소인을 기를 것인가? 아니면 창의성과 다양성을 갖
춘 군자를 키워낼 것인가?

창의성의 적,
Stereotype

월터 리프먼Walter Lippmann, 미국의 작가, 기자은 자신의 저서 《여론》에서 다음과 같이 말했다.

우리는 본 다음에 정의하지 않고 정의한 다음에 본다. 외부 세계의 크고 혼란스러운 혼돈 상태 속에서 이미 우리의 문화가 우리를 위해 정의해준 것을 취하는, 스테레오타입화된 형태 그대로 지각하는 경향이 있다.

월터 리프먼의 《여론》

여기서 스테레오타입, 즉 고정관념의 사전적 정의는 창의성이 없이 판에 박힌 듯한 생각을 말한다. 쉽게 풀이하면 아주 흔해 빠진 타입을 뜻하고, 원래 의미는 특정 대상이나 집단에 대해서 많은 사람들이 가지는 고정적 견해를 의미한다.

월터 리프먼은 《여론》에서 우리는 고정화된 정보나 지식을 받아서 그것이 의도하는 대로 지각하고 행동하는 경향이 있다고 했다. 실제로 TV, 신문, 인터넷 등에서 접한 지식이나 정보만으로 그것이 자신의 생각인 것처럼 착각하는 사람이 많다. 그래서 누군가가 정보를 조작해 여론을 유도하는 경우에도 이를 깨닫지 못하고 이것은 자신의 생각이라고 믿는다.

여론이 유도하는 방향성으로 사람들의 사고가 점점 획일화되어 간다. 즉 우리는 자신의 생각이 없이 여론에 끌려다니면서 스테레오타입화되는 것이다.

리프먼은 이렇게 형성된 여론의 위험성에 경고하고, 정보가 의도적으로 조작되고 나 자신의 사고나 의사결정에 타인이 관여하고 있다면 "나의 자유란 대체 무엇인가?", "우리는 스테레오타입화된 정보를 받아들여 지각하고 있을 뿐이 아닌가?"라는 질문을 우리에게 던지고 있다.

이처럼 자기도 모르게 외부의 정보에 놀아나지 않기 위해서는 자신의 의사로 결정하고 행동할 수 있어야 한다. 이를 위해 《격몽요결》에서 이이李珥는 네 가지를 주장했다.

첫째, 입지立志를 강조했다. 뜻을 세운다는 의미다.

입지는 '이 길을 내가 과연 갈 것인가', '나의 내면의 가능성을 끌어올리는 이 프로젝트에 정말 내 인생을 걸 것인가' 라는 문제다. 그러자면 바깥 세상에 너무 연연하지 않는 용기와 결단이 필요하다. 스테레오타입의 현실에서 벗어나기 위해서는 스스로 정신을 차리고 자각하는 것이 중요하다는 것이다.

둘째, 혁구습革舊習을 들었다.

못된 옛날 습관을 없애라는 의미다. 못된 습관은 나의 발전을 가로 막는 장애물이다. 이런 구습을 혁파하고 잘라버려야 새로운 나를 만들 수 있다. 익숙한 일상의 혁명을 위해서는 우선 남과 다르게 생각하고 행동하는 것을 두려워하지 말아야 한다. 나의 잘못된 구습을 바꿀 수 있는 가장 빠른 시기는 바로 지금이다.

셋째, 외물外物에 영향을 받지 않아야 한다.

외물은 마음에 접촉되는 객관적 세계의 모든 대상을 말한다. 외물은 우리의 생각이나 행동에 지속적으로 영향을 준다. 이런 외부 정보나 타인에게 너무 영향을 받지 않기 위해서는 항상 자신의 마음을 수련하고 외부 자극을 통제하고 선택적으로 받아들여야 한다. 외물에 현혹되지 않는 삶의 자세가 필요하다.

넷째, 지신指身이다.

지신은 기초적인 몸가짐 등 생활 습관을 말한다. 이 기초를 유교에서는 '소학' 이라고 한다. 배우는 자는 자기 몸을 올바로 갖기 위해서 몸과 마음을 가다듬어야 한다. 지신을 위해서는 배움을 진보시키고 지혜를 더하는 것만큼 소중한 것은 없다고 한다.

우리는 외부 정보를 받아들이는 것을 피할 수 없는 시대에 살고 있다. 그러나 이런 정보가 '원래 나의 생각이야' 라고 생각하며 행동하는 것과 '이것은 외부에서 주어진 정보다' 라고 의식한 다음에 행동하는 것에는 큰 차이가 있다. 맹자는 "닭이나 개가 집을 나가면 온 식구가 찾으러 나가지만 정작 자기 자신은 누군지 모르면서 찾지 않는다"고 했다. 진정 자신의 의견은 무엇인지도 모르고 외부의 정보에 놀아나는 사람을 스테레오타입화되었다고 말한다. 진짜의 창의성은 스테레오타입화된 생각에서 탈피하고 자신의 생각을 완성하는 데서 시작된다.

School
Villageification

　《아웃라이어》의 작가 말콤 글래드웰Malcom Gladewell은 회사에 서로 공유할 수 있는 공간을 마련해 다른 부서의 직원들과 편하게 비공식적인 대화를 나누게 하는 기업을 West Villageification 이라고 말했다. 우리는 집단의 창의성을 향상시키기 위해서 다양한 방법을 사용한다.

　이런 방법 중에서 흔히 사용하는 것이 브레인스토밍이다. 집단의 구성원이 될 수 있는 한 많은 아이디어를 내게 하면 그 중에서 창의적인 아이디어가 나올 수 있다는 것이 이 방법의 요체다. 그러나 브레인스토밍의 목표는 개인들이 만들어내는 다양한 아이디어가 아니다. 브레인스토밍의 핵심은 다른 곳에 있다.

　B.F. Good Research Center에서는 약 250명의 직원들이 모이게 한다. 이들은 모여서 그룹을 나누어서 작업을 한다. 이런 만남

과 그룹 활동을 통해서 많은 창의적인 성과를 냈다고 한다. 여러 사람들과의 만남을 통해서 자연스럽게 창의적인 생각을 교환하게 하는 것이 브레인스토밍의 핵심이다.

브레인스토밍의 방법과 더불어 오픈 스페이스 테크놀로지 Open Space Technology를 활용하는 회사도 많다. 오픈 스페이스 테크놀로지는 회의를 커피 브레이크 타임처럼 분위기를 만들어 진행하는 것을 말한다. 우리의 회의 문화를 보면 회의 시간에 의사 결정자가 이야기를 하고 다른 사람들은 조용히 받아적는 경우가 흔하다. 회의의 목적이 다양한 의견을 청취하고 그것을 바탕으로 최상의 아이디어를 찾는 것인데 대부분의 회의가 권위자의 의견을 받아적는 데 시간을 보내는 경우가 많다. 그런데 실생활을 관찰하다 보면 사람들은 회의에 참석한 사람들은 회의 시간보다 브레이크 시간에 더 다양한 이야기, 더 창의적인 아이디어를 말한다는 것이다.

"회의에서 했던 그 이야기는 말도 안 되지 않냐?"

"그런 결정을 어떻게 할 수 있어."

"조금만 생각하면 다르게 하겠는데. 나라면 이렇게 했을 텐데."

- 정재승의 《열두 발자국》중에서-

휴식 시간에 자신만의 생각과 아이디어를 말했던 사람들도 다시 회의 시간이 되면 조용히 받아적기만 한다. 그래서 더 많은 아이디어가 나올 수 있도록 50분 커피 브레이크를 하고 10분만 회의를 하는 방법을 사용하고 있다. 오픈 스페이스 테크놀로지를 사용하면 아이디어가 4.3배가 더 나온다고 한다. 좋은 아이디어가 나오기 위해서는 자유로운 커피 브레이크 같은 회의를 운영하는 것도 필요하다. 이는 회의 문화가 관료적이고 수직적인 조직보다는 공동의 목표와 열정을 우선하는 수평적 조직에 더 효율적이라는 의미다.

마이크로소프트MS, 애플Apple, 구글Google 등 혁신 기업의 아이콘으로 떠오른 기업들이 대표적으로 West Villageification을 잘 실천한 회사다. MS의 빌딩99는 이전의 건물과는 다른 구조를 가지고 있다.

빌딩 99에서는 만남과 교류가 어떻게 사내에서 이루어질 수 있는지 단적으로 보여준다. 모듈식 사무실 공간 배치로 직원들은 필요에 따라 공간을 자유롭게 재배치할 수 있다. 직원들이 자주 찾는 휴게실은 사무실보다 더 넓으며 작업 공간, 회의 탁자, 소파 등이 구비되어 있어 원하는 팀은 언제나 이용할 수 있게 만들어졌다. 휴게실이나 화장실 벽에는 낙서나 메모가 가능하게 만들어서 아이디어가 떠오르면 언제든지 적을 수 있도록 했다. 휴게실 위치는 사무실에서 가장 접근이 쉽도록 중심에 먼저 배치하고 그 주위에 사무실을 배치했다.

애플의 스티브 잡스도 이런 원리를 자신이 운영하는 회사에 적용했다. 잡스는 직원들이 서로 만남을 쉽게 하기 위해서 최대한 배려를 했다. 예술가, 프로그래머, 개발자 등이 서로 다른 곳에서 일을 하다가도 언제나 쉽게 만날 수 있도록 중앙에 커다른 공간을 조성해놓았다. 개인 사물함, 커피바, 편의점, 화장실 등을 집중 배치하여 직원들이 어쩔 수 없이 방에서 나와서 우연한 만남을 가질 수밖에 없게 하였다.

이러한 의도된 환경으로 애플의 수많은 직원들은 자연스럽게 세계 최고의 창의적인 집단이 될 수 있었다. 우리는 집단의 창의력을 향상시키기 위해서 다양한 방법을 사용한다. 하지만 가장 중요한 것은 집단의 조직원들이 쉽게 만날 수 있는 터전과 환경을 만들어주는 것이다.

우리의 관념에는 '천재'라고 하면 항상 고독한 사람을 생각하는 경향이 있다. 이들은 연구를 하거나 글이나 그림을 그릴 때는 혼자서 보내는 시간이 많기 때문이다. '고독한 천재'라는 말은 우리에게 더 친숙하게 여겨진다. 그러나 창조적인 사람들의 배경을 보면 다른 사람과 만나서 이야기를 듣고 나누며 서로의 작업에 대하여 이해를 넓히는 것이 아주 중요하다. 우리가 말하는 융합 능력도 나와 다른 배경을 가진 사람들의 만남에서 피어나기 때문이다. 과학자 프리먼 다이슨Freeman Dyson, 영국 태생 미국의 물리학자은 다음과 같이 말했다.

과학은 군집성이 강한 영역이다. 과학의 골간을 이루는 것은 언제 연구실 문을 열고 언제 문을 닫느냐다. 연구를 할 때 나는 문을 열어둔다. 기회만 있으면 다른 사람과 대화를 하려고 애쓴다. 그렇게 자꾸 어울려야만 흥미로운 결과가 나오기 때문이다. 과학은 기본적으로 공동 작업이다. 새로운 것이 시시각각 쏟아져 나오므로 흐름에 뒤떨어지지 않으려면 잠시도 한눈을 팔아서는 안된다. 항상 대화를 주고받아야 한다.

-미하이 칙센트미하이의 《몰입의 즐거움》중에서-

조각가인 니나 홀턴도 자신의 작업에서 교제가 차지하는 비중을 실감 있게 이야기했다.

"방안에 혼자 틀어 박혀 가지고는 제대로 된 작품을 만들 수 없다. 이따금 찾아오는 동료 예술가로부터 '당신 생각은 어때?' 이런 질문도 받아가면서 일을 해야 한다. 일종의 피드백이 있어야 한단 소리다. 죽어라고 한자리에 붙어 있는다고 해서 일이 잘되는 것이 아니다."

-미하이 칙센트미하이의《몰입의 즐거움》중에서-

이런 만남과 교류의 과정에서 자신의 사고를 넓히게 되고 결국 이전에 생각하지 못했던 새로운 생각이 나오게 된다. 또한 나의 의견은 상대에게는 새로운 생각이 된다.

꿀벌의 생활을 보면 이런 사고의 전이를 목격하게 된다. 꿀벌들이 이 꽃에서 저 꽃으로 더 많은 화밀을 찾아 날아다닌다. 이런 과정에서 꿀벌은 날개에 꽃가루를 묻히게 되고, 결국에는 이 세상에 있는 모든 뿌리 식물들을 이화수분異花受粉시키게 된다. 그것은 화밀을 찾는 꿀벌 활동의 의도되지 않는 부산물이 되는 것이다.

이처럼 꿀벌에 의해서 세상의 모든 식물이 이화수분을 하듯이,

우리 세계에서 이화수분은 한 사람의 아이디어가 다른 사람에게 새로운 아이디어를 만들어준다는 의미로 해석된다.

교육 현장도 마찬가지다.

요즘 교육 현장에서 추진되고 있는 전문적 학습 공동체의 활성화를 위해 교사들의 교류와 소통의 공간을 만들어주는 것이다. 교직이라는 직업의 특성상 교사들은 교실이라는 자신만의 독립된 공간이 있고, 그곳에서 학교 생활의 대부분을 보내기 때문이다. 하루 종일 자신의 교실에서만 머물러 있으면 제대로 된 학급 경영이나 창의적인 수업의 아이디어를 만들기 어렵기에 학교에 소통을 위한 공간의 장을 마련해야 한다.

서로 학년이 다른 교사들이 비공식적인 대화를 할 수 있는 소통의 기회를 가지고 '나는 이런 수업을 하려고 하는데 선생님은 어떻게 생각해요?', '이런 유형의 학생이 있는데 어떤 방법으로 생활지도를 하면 좋을까요?' 등 다양한 상황의 질문을 서로 교환하는 시간도 교육 현장에서 필요하다.

이제 우리의 교육 현장은 '학교 구성원교직원, 학생이 서로 만나서 교류하고 소통할 수 있는 방법이 무엇일까?', '어떻게 하면 교사학생들을 서로 자유롭게 만나 아이디어를 공유할 수 있을까?', '학교의 환경이나 문화를 어떻게 변화시켜서 토론과 대화의 장이 될 수 있게 할까?'를 고민해야 한다.

말콤 글래드웰이 이야기한 West Villageification을 교육에 적용해 보자. 학교 내 교사, 학생들이 서로 만나서 이야기를 듣고 나누며 서로의 교육에 대해서 이해를 넓힐 수 있는 School Villageification이 될 것이다.

4장

배움으로
미래를 준비한다

시대가 원하는
배움의 방향

　클라우스 슈밥Klaus Schwab, 독일의 경제학자은 4차 산업혁명의 가장 큰 특징은 "우리가 하는 일을 바꾸는 것이 아니라 우리 인류 자체를 바꾸는 것"이라고 했다. 이제 4차 산업 혁명은 이미 우리 시대의 큰 화두가 되었다. 인공지능, 빅데이터, 인공지능 로봇, 사물인터넷 등 4차 산업혁명을 대표하는 신기술들은 우리의 생활의 변화뿐만 아니라 교육에도 큰 변화를 예고하고 있다.

　피터 드러커는 "기존 사업을 과거와 같은 방식으로 지속하는 것은 재난을 기다리는 것과 같다"고 했다. 교육에서도 과거의 방식을 탈피하고 변화와 혁신으로 4차 산업혁명에 필요한 미래 인재를 길러내야 한다.

　미래 인재 양성을 위해서 공통적으로 등장하는 것이 역량 또는 핵심 역량이다. 역량의 강조는 전통적으로 강조해온 지식 습득이 미래 사회의 지식의 생성 속도를 따라가는 것은 불가능하다는 인식에 바탕을 두고 있다. OECD의 DeSeco 사업에서 역량은 교육에 중요한 키워드로 등장했고, 여러 나라에서 역량 기반 교육과정으로 재구조화하려는 노력을 하고 있다.

영국의 경우: 저학년부터 논술 교육을 강조하여 학생들은 자신의 생각과 감정을 말과 글이라는 도구로 명확하게 표현하는 법을 배우게 한다. 말과 글은 타인과 자연스럽게 교류하고 토론하면서 자신의 생각이나 감정을 정리하고 더 정교하게 만들어갈 수 있다. 또한 토론과 질문을 통해 끊임없이 생각하고 표현하는 과정에서 사회 정서적 학습을 하게 된다. 이런 교육풍토가 바로 영국의 혁신을 이끌어가는 밑받침이 되었다.

미국의 경우: 미래 교육에 대비하기 위해서 전미교육협회에서는 창의력, 비판적 사고, 협업, 의사소통 등 핵심 역량 중심의 교육과정과 평가로의 전환을 위해서 다양한 논의가 진행되고 있다. 이런 미래 교육의 핵심 키워드는 세계경제포럼 보고서에서 발표한 10대 역량과 일치한다. 4차 산업의 혁신을 지도하는 기업들도 교육 분야에 관심을 높이고 있으며 교육의 변화에 앞장서고 있다. 이들 혁신 기업의 창의적인 생각은 바로 그들이 미국 교육에서 받아온 내용에 근간을 두고 있다.

핀란드의 경우: 국가 경쟁력의 선두권 나라로 청렴지수, 연구 및 투자 등에서 세계 최고의 경쟁력을 가지고 있으며 4차 산업혁명을 대비 교육 개혁에도 앞장서고 있다. 핀란드는 성취도 평가에서 최상위권의 성취도를 보여주고, 학생 간의 성적 편차가 낮은 교육을 실시하고 있다. 이는 핀란드만의 효율적인 교육제도에 기인한다고 볼 수 있다.

교육의 높은 경쟁력에도 불구하고 국가적으로 4차 산업혁명에서 요구되는 인재를 기르기 위해서 융복합 사고를 강조하고 있다. 융복합 사고는 과목 중심이 아닌 역량 중심의 방향으로 교육의 지향점을 맞추는 것이다. 세계에서 일어나는 문제나 현상의 해결은 개별 과목의 경계를 뛰어넘어 다면적이고 전체적인 사고를 요구하기 때문이다.

우리나라에서도 이런 변화의 시대를 대비하여 기존의 단순한 지식 위주의 학습에서 벗어나 상황과 맥락 속에서 자신의 삶과 연계한 지식을 활용하여 새로운 것을 창출해낼 수 있는 역량 중심 교육을 강조하고 있다. 교육과정의 변화는 현장 교사들의 수업 운영과 평가에 대한 변화를 요구하고 있다. 혁신학교의 등장과 더불어 학교 문화 혁신을 요구하고 있다. 학교 문화의 혁신은 단순한 학교 혁신을 넘어 수업 혁신, 평가 혁신, 전문적 학습공동체 활성화 등 학교의 전반적인 변화를 기대하고 있다.

그러면 4차 산업에서 필요한 인재상은 무엇일까? 먼저 2016년 다포스 포럼, 미국의 경영자위원회, 2105 개정교육과정 등에서 미래 인재상으로 다음과 같이 제시하고 있다.

다포스포럼	복합 문제해결 능력, 비판적 사고, 창의력, 인적 자원 관리 능력, 협업 능력, 감성지능, 의사결정 능력, 서비스지향성, 협상 능력, 인지적 유연성
미국의 경영자위원회	Critical Thinking(비판적 사고), Creativity(창의성), Communication Skills(소통 기술), Collaboration(협업)
2015 개정교육과정	자주적인 사람, 창의적인 사람, 교양 있는 사람, 더불어 사는 사람

위에서 제시된 역량들의 방향성은 같은 곳을 향하고 있다. 미래에 길러내야 할 인재의 역량은 문제를 찾아내는 능력, 그리고 이 과정에서 필요한 소통력과 협력 능력으로 볼 수 있다. 그래서 미래 인재는 창의적인 능력을 소지하고 남들과 협업하고 소통할 수 있는 대인관계 능력이 중요하다. 그렇다면 이렇게 새롭게 강조되고 있는 역량만이 중요한 것일까?

우리가 미래를 대비하기 위한 배움에서도 내면적으로 중요시해야 할 전통적인 덕목이 있다. 과거에 학교에서 강조했던 성실, 정직, 근면 등은 4차 산업혁명이 강조되고 있는 시기에도 그 가치는 더욱 빛날 것이다. 역량이 외부적인 것이라면 전통적인 덕목들은 내면적인 것으로 시대가 바뀌어도 그 본질은 중요시되고 교육에서 중요하게 다루어야 할 것으로 생각된다.

미래를 대비한 교육의 방향은?

미래 교육은 역량 중심 교육이라는 방향성을 기준으로 하여 그동안 지식 중심 교육에 맞추어져 있던 학교 교육에 관한 모든 것을 다시 한 번 새롭게 바라보는 것에서 시작해야 한다. 4차 산업혁명 시대를 맞아 역량 중심의 교육을 위해 자율, 융복합, 창의적 문제 해결력, 소통과 협력, 창의 등 새로운 키워드와 부합하는 교육으로의 변화가 절실한 이유다.

미래교육의 키워드-자율

그동안 운영되었던 상향식 국가 교육 과정 방식 안에서 학교가 자율적으로 교육과정을 운영하는 데는 한계가 있다. '함께 만들어가는 교육과정'은 상향식 교육과정이 아닌 하향식 교육과정이다. '함께 만들어가는 교육과정'은 학생·교사·학교가 교육과정의 주체가 되어 기존 교육과정을 탈피하고 구성원이 함께 만들어가는 교육과정을 추구한다. 이를 통해 교육 현장은 교육과정이 재구성되면서 역동적이고 유연한 교육과정이 될 수 있다.

《교육과정 변화 흐름》

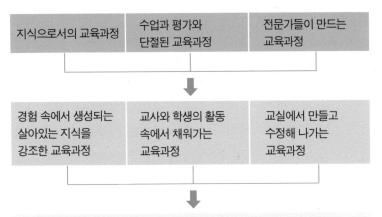

국가 수준의 교육과정에서 큰 틀에서만 제시하고 교사가 단위학교의 차원에서 교육과정을 자율적으로 구성한다면 어떤 모습일까? 교사들이 교육과정 편성에 자율성이 주어지면 교사들은 학생의 삶을 중심으로 국가 교육과정을 교사가 자율적으로 해석

하여 학생의 성장 발달을 촉진하도록 편성하게 된다. 이렇게 되면 교사는 어떤 내용과 방식으로 가르치고 이를 어떻게 평가할 것인지에 대한 고민을 시작하게 된다.

이런 과정이 교육과정 재구성이다. 내용 구성을 위해 자료를 찾고 학생들의 수준을 고려하여 효과적으로 전달하기 위하여 자료를 제작하고 수업에 적용할 것이다. 그리고 수업을 진행하는 과정에서 수정·보완 사항이 있으면 그때 그때 수정하고 수업의 과정에서 과정평가를 통해 수시로 피드백하여 좋은 수업이 되도록 노력할 것이다. 교사에게 교육과정의 자율권이 주어지면 스스로 가르칠 내용을 구성할 수 있고 학생들과 상호작용하면서 수업을 완성해갈 수 있어 창의력이 발휘될 가능성이 높아지고 수업에 대한 만족도도 높아질 것이다.

미래 교육 키워드-융복합

레오나르도 다빈치Leonardo da Vinci와 스티브 잡스는 시대를 앞서가면서 미래를 대비한 대표적인 인물이다. 이 두 사람의 공통점은 과학과 기술, 인문학과 예술, 의학 등 학문의 경계를 넘어서는 폭넓은 지식을 활용하여 자신만의 창의적인 결과물을 담아낼 수 있는 역량을 갖추고 있었다는 것이다. 비록 이들은 과거의 사람이지만 시대를 앞서가는 지식과 역량으로 인해 미래 사회의 인재상으로 제시되고 있다.

이처럼 4차 산업혁명 시대에는 자신의 분야를 넘어 인문학적 소양을 갖춘 인재가 필요하다. 구글의 부사장인 데이먼 호로비츠Damon Horowitz는 "IT 분야에서 성공하기 위해서는 인문학을 전공하는게 유리하다"라고 했다.

미국의 주요 IT 회사들은 인문학 전공자의 채용을 계속 늘리고 있다. 페이스북에도 공학자와 인문학자가 포함된 미래 환경을 전망하는 부서가 만들어졌다.

우리 교육 역시 융합 교육을 강조하면서 융합 교육은 배움의 즐거움을 알게하여 학생의 참여 활동을 강화하고 학습의 흥미도와 동기를 높이고 꿈과 끼를 발휘할 수 있도록 하는 것이라고 말하고 있다.

융합 교육을 논하기 전에 우선 우리가 구분해야 할 개념이 있다. 융합과 비슷하지만 다르게 받아들여지고 있는 통합, 통섭에 대한 정의가 필요하다. 어떻게 보면 세 가지 용어가 비슷하게 보이지만 명확하게 다른 의미를 가지고 있다. 융합, 통합, 통섭에 대한 의미를 생각해보자.

통합統合: 사전적 의미는 '둘 이상을 하나로 모아 다스린다' 는 뜻이다. 둘 이상을 모은다는 것은 서로 다른 이질적인 것을 물리적으로 합치는 과정이다. 대학들의 학과 통합, UN 연합군, 자치단체에서 추진하는 시, 군, 구 통합 등은 서로 다른 것을 인위적으로 묶어놨기 때문에 각자의 특성은 그대로 남아 있다. 통합의 느낌은 아래서부터의 묶음이 아니라 기획하여 아래로 하달하는 느낌이다.

통섭統攝: 둘 이상이 합쳐지는 과정에서 원래 구성 성분을 잘 섞은 새로운 조합을 탄생시키는 것을 말한다. 새로운 조합의 탄생은 생물학적인 결합으로 새로운 것이 만들어지는 것을 의미한다. 지식으로 보면 이질적인 지식들이 만나서 새로운 지식이 탄생하게 되는 것을 일컫는다.

통섭은 하버드대학교 에드워드 윌슨Edward Wilson석좌교수의 저서 《지식의 통섭》이 최재천 교수에 의해서 번역되면서 등장했다. 학문 간의 자유로운 넘나듦이나 소통을 의미한다. 최재천 교수에 의하면 지금까지 여러 학문의 비약적인 발전이 통섭의 순간 이루어졌다고 한다. 여기서 '한 우물만 깊이 파는 것보다는 여러 우물을 깊고 넓게 파는 것이 중요하다' 라는 말이 나온 것이다.

융합融合: 핵융합이나 세포융합에서 보듯 아예 둘 이상이 녹아 하나가 되는 걸 의미한다. 서로 다른 것이 완전히 섞여서 하나가 되는 것을 말한다. 통합이 물리적인 합침이라면 융합은 다분히 화학적 합침을 의미한다.

위의 세 가지 용어의 의미로 비추어 보면 우리가 사용하는 융합 교육에서 융합은 융합보다는 통섭에 가깝다고 볼 수 있다. 한 분야의 깊은 연구를 가진 사람이 인문학적 소양을 함께 겸비하고 있으면 통섭적 인재라고 할 수 있다. 다시 말해 통섭적 인재란 단순히 다방면에 지식이 많은 팔방미인형 인재가 아니라 하나의 전문화된 분야를 가지고 있는 동시에 다른 분야의 소양도 가지고 있어 창의적 문제해결이 가능한 인재를 말한다.

세계 최고의 공과대학교인 MITMassachusetts Institute of Technology의 교육과정에서 학생들은 전공 이론 과목은 전체의 11%이고 나머지는 통합과목으로 구성되어 있다. 통합과목의 70%는 실험 통합과목으로 대개 교수와 학생들이 함께 팀을 이루어 프로젝트를 수행하는 수업으로 진행된다.

우리나라의 경우 대학의 3~4학년 때에도 오로지 전공과목에만 매달린다. 전공과목의 비중이 많게는 87%까지라고 한다. MIT에서는 3~4학년 때에는 기업의 프로젝트를 수행하면서 팀워크를 통해서 실천적인 지식을 배우고 있는데, 우리 학생들은 MIT보다

2배나 많은 전공 이론 과목에만 집중하고 있으니 이것을 융합하고 활용할 수 있는 능력은 길러지지 않고 있다.

"한국 학생들은 많이 아는데 지식을 종합할 줄 모른다"라는 말은 우리 교육 현실을 단적으로 보여주는 말이다. 한국 학생들이 지식을 종합할 줄 모른다는 것은 대학에서 전공과목을 따로따로 배웠기 때문이다. 융합 교육의 핵심은 단절된 지식 교육에 중점을 둔 교과 교육의 근본적인 변화를 주자는 것이다. 각 교과의 교육을 하는데 예전처럼 수학이면 수학, 과학이면 과학의 내용만을 학습하는 것이 아니라 수학 시간에 과학, 기술, 공학, 예술 등 관련이 있는 교과의 지식을 자연스럽게 더불어 학습할 수 있도록 하자는 의미이다.

예를 들면 6학년 수학에서 비와 비율을 지도할 때 음악을 연계하여 지도할 수 있다. 악기에서 가장 아름다운 소리는 현의 길이의 비가 자연수비가 될 때다. 수학의 비와 비율을 음악의 일정 부분을 도입하여 지도하면 학생들은 어떤 현상을 바라볼 때 단편적인 지식으로 해결하기보다는 융합적인 사고로 접근할 수 있는 능력이 생기는 것이다.

융합은 둘 이상이 합쳐서 하나가 되는 것을 찾는 것이 아니라 하나를 해결하기 위해서 새로운 영역을 빌려오는 것을 뜻한다. 스티브 잡스는 고별 강연회에서 다음과 같이 말했다.

"애플의 DNA는 이것이다. 테크놀로지 하나만으로는 충분하지 않다는 것! 우리의 가슴을 노래하게 만드는 것은 핵심 교양과 결혼한 테크놀로지, 인문학과 결혼한 테크놀로지다."

잡스의 이 말은 인문학과 기술이 만나는 지점에서 애플이 존재한다는 의미다. 아이폰의 개발은 기술만으로는 안 되며, 기술을 사용하는 인간에 대한 앎이 필요하다는 것이다.

인간에 대한 앎과 탐구가 바로 인문학적 성찰이다. 이런 인문학적 성찰을 위해서는 연결시킬 기억이 많아야 한다. 연결시킬 정보와 데이터가 많아지려면 일상 속 경험과 지식, 소통이 늘어나야 한다. 서로 다른 것을 합쳐서 새로운 것을 만드는 통섭統攝이다. 융합 교육도 이와 마찬가지이다. 내가 가르치고 있는 분야가 과학이라면 과학의 주제를 해결하기 위해 과학 지식에 수학, 음악, 기술, 공학 등의 지식을 활용하여 문제를 해결하는 방법이 바로 융합 교육이다. 이런 경우 과학을 중심으로 하는 융합 교육이 될 수 있다. 자신의 수업이 어떤 과목인지에 따라서 수학 중심의 융합 교육, 과학 중심의 융합 교육, 미술중심의 융합 교육 등이 된다는 것이다.

배움의 주체인 학생들도 기존의 한 교과 중심의 단편적인 해결보다는 한 교과의 주제를 해결하는 데 다른 교과의 지식을 활용한다면 사물을 바라보는 능력이나 그로부터 발생되는 질문이나 의문점을 해결하는 데 융합적인 사고가 일어날 것이고, 이게 바로 융합 교육이 나아가야 할 방향이다. 과학Science, 기술Technology, 공학Engineering, 예술Art, 수학Math 등 다양한 교과목과의 결합을 통해 통합적, 입체적 시각을 길러 실생활에서 창의적 문제해결력을 배양할 수 있는 융합형 교육이 되는 것이 중요하다.

융복합과 창의적 문제해결력: 융합 교육과정은 학생들의 창의적 문제해결력의 신장을 목표로 하고 있다. 다윈과 피아제의 사고를 연구한 그루버, 피카소의 창작 과정을 연구한 에른하임 등 수많은 연구가들이 창의적인 문제해결력의 중요성을 역설하고 있다. 또한 창의적 문제해결력은 4차 산업혁명시대에 중요한 역량이기도 하다.

먼저, 창의적 문제해결에서 '창의적' 이 '문제' 를 수식한다고 생각하면 '창의적인 문제를 해결한다' 라고 정의할 수 있다. 일반적인 문제가 아니라 창의적인 문제를 해결한다는 것은 주어진 문제가 아니라 내가 찾아야만 하는 문제를 의미한다. 스스로 문제를 찾기 위해서는 나의 지식과 역량을 최대한 발휘해야 한다. 아인슈타인은 "문제를 발견하는 것이 해결하는 것보다 더욱 중요하다" 라고 했다.

창의적인 문제해결력은 '주어진 문제'가 아니라 '창의적으로 만들어낸 문제'를 해결하는 것이 중요함을 말해주고 있다.

둘째, 창의적인 문제해결에서 '창의적'이 '해결'을 수식한다면 이는 보통 문제해결 과정과는 다른 '창의적인 해결 과정'을 의미한다. 즉 교과서적인 문제해결 방법이 아닌 자신만이 창의적인 방법으로 문제를 해결하는 것을 말한다. 주어진 문제를 해결하는 방법은 다양하다. 그냥 습관처럼 기존의 방법으로 문제를 해결하는 것은 창의성을 신장하는 데 도움이 되지 않는다.

융합 교육의 핵심인 창의적 문제해결력은 스스로 문제를 창의적으로 찾아서 해결할 수 있는 능력과 주어진 문제를 자신만의 독창적인 방법으로 해결하는 것이다. 이런 창의적인 질문의 생성과 해결은 단편적인 한 가지 사고에서 벗어나 다양한 교과 간의 접목 융합적 사고이 이루어질 때 가능하다. 결국 미래에는 한 분야의 능력보다는 다양한 분야의 지식을 융합할 수 있을 때 그 결과는 상상 이상이 될 것이다.

미래교육의 키워드-소통과 협력

급변하는 미래 사회에서 오늘 배운 기술이 내일이 되면 필요하지 않을 수 있다. 이런 시대에 교육에서는 어떤 노력이 필요할까? 중요한 것은 변하지 않는 것에 주목해야 한다는 것이다. 그래서 학습자들이 변하지 않는 속성을 숙지해 현실 문제에 적용하고 응용할 수 있도록 도와줘야 한다. 미래 교육에서도 변하지 않는 키워드 중의 하나가 바로 소통과 협력이다.

소통: 미래가 혼자서 모든 것을 해결할 수 있는 시대라 할지라도 인간은 사회적 동물이기에 소통은 중요하다. 그래서 다른 사람과 소통하는 능력을 학생들이 경험할 수 있도록 도와주어야 한다.

국가교육회의, 미래교육체제 대국민 여론조사 결과 발표에 의하면 이상적 교사의 모습으로는 '개별 학생들에게 관심을 쏟으며 이해와 소통을 하는 교사'를 꼽았다. 교사들은 미래의 교사들에게 가장 중요하게 요구될 역량으로 '다양한 학습자의 삶의 맥락, 발달 특성에 대한 이해와 소통 역량'이라고 답했다.

카네기 공대의 졸업을 대상으로 추적 조사한 결과에 의하면 성공에 전문 지식과 기술은 15%, 나머지 85%는 좋은 인간관계에 있었다. 결국 성공하기 위해서 중요한 것은 사람들과의 관계 속에 신뢰할 수 있는 소통 능력이었다.

이처럼 소통 역량은 시대가 바뀌어도 변하지 않는 중요한 속성으로 미래 사회에도 중요한 역량이다.

그러면 소통을 위해서 우리는 무엇을 해야 할까?

강신주의《철학이 있는 시간》을 보면 소통에 대한 이야기가 나온다. 소통이란 사전적으로 이해하면 의사소통을 상징하는 커뮤니케이션의 정도로 이해되고 있다. 그렇지만 소통은 '트다' 라는 뜻의 소疏와 연결하다는 뜻의 통通으로 구성되어 있다. 즉 시로 간에 구체적으로 막혀 있던 것을 터서 물과 같이 잘 흐르도록 하는 개념으로 설명하고 있다.

좀 더 자세히 살펴보자. 소疏와 통通에서 더 중요한 단어는 소疏라는 개념이다. 소통은 서로 막혔던 것을 트고, 서로의 마음을 연결하여 물과 같이 흐를 수 있게 하는 것이다. 막혔던 것을 트기 위해 우리는 선입견을 비워야 한다. 마음으로부터 선입견을 비워야만 타자와 연결될 수 있는 희망을 품을 수 있을 것이다.

프랑스 철학자 에마뉘엘 레비나스Emmanuel Levinas는 '타자' 라는 개념을 정립했다. 타자는 '자신 외의 사람' 이 아니라 '소통이 안 되는 사람' , '이해할 수 없는 사람' 을 뜻한다. 타자가 왜 중요한가? 레비나스의 타자는 깨달음의 계기를 주기 때문이라고 했다. 우리는 세상을 이해하기 위해서 자신의 관점에서 바라본다. 이 관점은 타자의 시점과는 다르다. 이런 차이로 인해 타자의 견해를 틀렸다고 단정하곤 했다.

하지만 자신과 타자의 차이를 깨달음의 계기로 삼는다면 지금까지와는 다른 관점에서 세상을 바라볼 수 있다. 세상이 다양하고 복잡해지는 과정에서 자신의 관점과 같은 사람끼리만 소통을 반복하면 타자를 통해서 얻을 수 있는 값진 배움의 기회를 상실할 수밖에 없다. 결국 깨달음의 계기를 주는 타자를 이해하는 것이 소통의 시작이다.

중국의 철학자 장자도 소통의 철학에 대하여 말했다. 장자는 소통은 상대방이 나와 틀린 존재가 아니라 다른 존재임을 인정하는 것에서 출발해야 한다고 한다.

상대방에 대한 편견을 버리고, 다양성을 인정하는 마음가짐을 지녀야 함을 강조하고 있다.

두 번째 단계는 상대방에게 적합한 소통을 실천해야 한다. 아무리 좋은 대우라도 상대방이 무엇을 필요한지 고려하지 않은 소통을 실패할 수밖에 없다.

마지막으로 소통은 자신의 변화다. 소통 과정에서 타인을 단순히 수동적인 객체로 인식하지 않고, 주체를 변화시킬 수 있는 강력한 존재로 인식하는 것이 장자의 소통 철학의 핵심이다.

결국 막혔던 것을 트기 위해서는 다름을 인정하고 상대방의 필요를 고려한 소통이 이루어져야 한다. 가장 중요한 것은 소통을 통한 자신의 변화임을 알아야 한다.

우리가 사는 사회는 여러 사람이 모여서 하나의 공동체를 이루고 있다. 하나의 공동체가 지속적 발전을 이루기 위해서는 소통이 중요한 덕목이다. 하지만 서로 막혔던 것을 트고, 서로의 마음을 연결하여 물과 같이 흐를 수 있는 소통의 구조가 형성되지 않으면 사회는 혼란스러울 수 밖에 없다.

소통이 잘되는 사회를 위해 장자 철학의 첫 번째 원리를 실천해보자. 먼저 본인 중심의 독단적 소통 방식을 버리고, 구성원의 의견을 경청하고 존중하는 자세가 필요하다.

경청은 무엇보다 가장 중요한 일이다. 점점 다양해지는 구성원의 특성을 이해하고, 그들이 무엇을 원하는지 알기 위해서는 경청이 중요하다. 경청을 하면 상대방에게 적합한 소통이 가능하다. 소통 과정을 통해 타인에 대한 선입관을 버리고 상대방의 다름을 인정하고, 상대방에게 적합한 소통을 실천해야 한다. 결국 소통을 통해 자신의 변화를 이룰 때 진정한 소통이 되는 것이다.

협력: 미래 사회는 지적인 능력뿐만 아니라 정의적 능력을 갖춘 인재를 요구하고 있다. 4차 산업혁명으로 인해 인공지능 시대가 확산되더라도 더욱 중요하게 부각되는 것은 인성이다. 타

인과의 협력, 공감 능력, 배려, 사회성 등은 미래 사회에 필요한 인재상이다.

사회가 고도화되고 인공지능의 설계와 개발도 인간의 힘으로 이루어지는데 이것을 통제할 수 있는 것이 이런 정의적 능력이다. 하지만 우리는 인성이 높은 인류가 설계하는 긍정적인 미래보다는 인성이 낮은 품성으로 미래를 부정적으로 설계하는 상황을 여러 가지 책이나 영화에서 볼 수 있다. 인성이 뒷받침되지 않는 인간에 의한 미래는 암울할 수밖에 없다.

미래의 새로운 담론으로 떠오르고 있는 AI 시대에는 더욱 인성 교육이 중요할 수밖에 없다. 모든 것이 네트워크로 연결된 사회에서 어떤 문제를 결정하는 데 과거에 비해서 통제 수단이 상실될 상황이 많다. 인성이 낮은 인간에 의해서 통제되는 AI는 자칫 인류를 멸망으로 이끌 수 있는 길로 인도될 수 있다.

이런 암울한 미래를 이끄는 사람은 대부분 사회적 지능이 부족한 경우가 많다. 사회적 지능은 자기를 둘러싼 인간관계와 사회생활을 이해하고 관리할 수 있는 능력을 말한다. 인성교육진흥법에서 제시한 인성 교육을 살펴보면 자신의 내면을 바르고 건전하게 가꾸고 타인, 공동체와 더불어 살아가는 데 필요한 인간다운 성품과 역량을 기르는 것을 목적으로 하고 있다.

이런 인성 교육의 목적이 실현되기 위한 핵심이 바로 타인과의 관계, 공동체와 더불어 살아가는 데 필요한 역량이다. 학생들의 사회적 지능SQ이 높을수록 성공할 가능성이 높다는 연구 결과를 많이 제시하고 있다.

사회적 지능을 대표하는 것이 바로 협업과 소통 능력이다. 그래서 선진국들은 교육 분야에서 학생들의 사회적 지능인 협업 능력과 소통 능력을 길러주는 데 힘을 쓰고 있다.

유발 하라리Yuval Harari, 이스라엘 역사학자는 《사피엔스》에서 인류가 이 지구라는 행성의 지배자가 된 것이 지능이라고 생각했다. 하지만, 인간이 이 지구의 지배자가 되는 데 지능이 가장 중요한 역할을 했다면 인간이 아닌 다른 생명체가 지배자가 됐을 것이다. 인간이 지구의 지배자가 된 이유는 바로 일반적인 생명체보다 더 잘 협력했기 때문이다.

보통 자연계에서 집단의 개체수가 150~200의 숫자를 넘어가면, 그 집단은 쪼개지고 나뉘어 진다. 하지만 인간은 훨씬 더 많은 수가 협력할 수 있었다. 이것이 바로 인간이 지구의 지배자가 될 수 있었던 핵심이다.

결국 더 잘 협력하기 위해 언어와 글이 등장했고 이것들은 후대에게 유산을 전수하는 것을 용이하게 만들었다. 이것이 인간을 다른 동물과 다른 길을 가게 만든 가장 높은 이유이다. 유발하라리가 말한 것처럼 사회적 지능, 즉 인간 사이에서 관계를 잘 맺을 수 있는 소통과 협력 능력은 성공의 지름길이 되는 것이다.

이 사회적 지능을 기르기 위해서 우리는 어떻게 해야 할까?

교육과학혁신연구소의 이혜정 소장이 연구한 서울대와 미시간대 학생들의 협업 태도에 관한 비교 실험을 보면 흥미로운 점을 발견할 수 있다.

연구 내용을 간단히 소개하면 서울대 학생과 미시간대 학생들에게 프로젝트를 주고, 학생들이 어떻게 일을 분담하고 수행한지를 연구했다.

연구 결과를 보면 서울대 학생들은 성적이 좋은 학생들이 리더를 맡는 경우가 많았다. 리더는 팀원들에게 일을 분담하고 팀원들이 수행한 결과를 수합한 후에 리더가 혼자 정리하면서 수정했다. 리더가 혼자 마지막 보고서를 만들어내는 식으로 프로젝트를 완성했다.

그러나 미시간대 학생들의 협업 과정은 서울대와는 많이 달랐다. 분업을 최소화하고 프로젝트 전 과정을 모든 팀원이 함께 진행했다. 이러다 보니 프로젝트 수행 과정에서 많은 횟수로 구성원 간의 합의가 필요하게 되었고 상대적으로 과제를 해결하는데 많은 시간이 필요했다.

결과물 수준도 서울대보다는 떨어졌다. 서울대 학생들의 과제보다 수준이 낮고 오히려 많은 시간을 소비하지만 미국은 이 방법을 고수하고 있다. 그 이유는 무엇일까?

여기에 바로 사회적 기능의 핵심인 소통과 협업의 능력이 숨어 있다. 서울대 학생들은 과제의 수준은 높지만 팀원들은 소통과 협업을 할 수 있는 기회를 충분히 얻지 못했다. 자신에게 주어진 부분 작업만을 완성하고 나머지는 리더가 혼자 과제를 마무리하게 되어 학생들의 대부분은 프로젝트가 요구하는 능력을 충분히 습득할 수 있는 기회가 사라진 것이다.

하지만 미국 학생들은 과제 수준은 낮지만 이들은 처음부터 끝까지 참여하면서 협력과 소통으로 서로 의견을 모으고 논의하는 과정에서 협력과 소통 능력을 습득하게 되는 것이다.

결국 미국 학생들은 과제의 결과물의 질은 낮을지 모르지만 미래 리더로서 갖추어야 할 협업과 소통 능력이라는 더 중요한 역량을 기를 수 있었다.

우리 교육 시스템에서 과연 미국 학생처럼 프로젝트를 해결하는 학생들이 우수하게 평가를 받을 수 있을까? 현재 우리의 교육 시스템에서는 학생들의 사회적 지능을 발달시키기 어렵다. 학생들은 과제를 해결해가는 과정을 중시하기보다는 정확한 답을 제시해야 좋은 성적을 받을 수 있기 때문에 자신의 창의적인 생각을 답으로 제시하지 않는다. 오히려 이들은 교사나 교수들이 한 말을 그대로 답으로 적기를 원한다. 과정보다는 결과를 중시하는 교육제도에서는 미래 사회 핵심 능력 중의 하나인 사회적 지능을 갖춘 학생으로 성장하기 어렵다는 것을 알아야 한다.

다행히 최근 교육부에서 정책적으로 과정 중심 평가를 강조하고 있어 학교 현장에 변화의 바람이 불고 있다. 과정 중심 평가는 교수 학습 과정에서 학생의 변화와 성장에 대한 자료를 다각적으로 수집하여 적절한 피드백을 제공하는 평가다. 학생들의 변화와 성장은 결과에 있는 것이 아니라 과정에 있음을 의미한다.

《평가를 바라보는 관점의 변화》

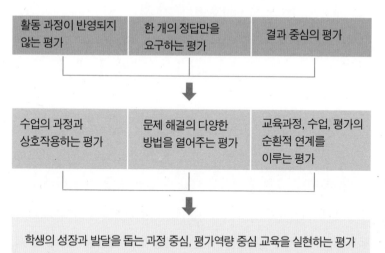

이렇게 평가 제도가 바뀌면 교사들은 평가를 결과 중심에서 과정 중심으로 바꾸고, 하나의 정답을 강요하는 학습 과정을 지양하면 수업에 커다란 변화들이 일어나게 된다.

현재 많은 교사들이 토론·토의 수업, 문제해결 학습, 프로젝트 학습 등 창의·인성을 기를 수 있는 수업들을 적용하고자 노력하고 있다. 이런 수업과정에서 학생들은 결과보다는 과정에 집중하게 된다.

조금은 더디지만 팀원이 하나가 되어 치열하게 토론하고 논의하면서 문제를 해결하는 과정 속에서 학생들은 자연스럽게 소통과 협업 능력 등 사회적 지능을 습득하게 될 것이다. 결국 과정 중심 평가 등에 대한 변화 자체가 바로 미래 사회에 필요한 창의적 인재로 길러질 수 있는 인성 교육이 이루어지는 것이다.

뉴노멀New Normal 시대의 배움

'뉴노멀' 이란 용어는 토머스 쿤Thomas Kuhn에 의해서 시작되었다. 글로벌 금융위기 이후 저성장, 저소득의 추세 변화를 가리키는 말이다. 쉽게 설명하면 뉴노멀은 경제의 변화에 따른 새로운 기준을 말한다. 즉 시대의 변화에 따라 새롭게 부상하는 기준이나 표준으로 '새로운 정상 상태' 를 의미한다.

뉴노멀이 등장하면 이제까지 부수적이고 예외적이었던 것이 새롭게 정상적인 표준으로 부상하게 된다. 뉴노멀이 등장하면 기존의 기준은 올드 노멀Old Normal으로 퇴색된다.

초기의 뉴노멀은 전 세계적인 장기적 저성장 기조를 표현하기 위해 사용되었다. 이때의 뉴노멀을 1.0이라 한다. 코로나 시대 이후의 변화는 뉴노멀 2.0라고 한다. 다른 말로는 포스트 노멀Post Normal이라고도 한다. 쿤에서 시작된 뉴노멀은 지아우딘 사다르Ziauddin Sardar, 인도 작가의 포스트 노멀 시대에 기초를 둔다.

뉴노멀 2.0으로 인해 지구촌이 대변화를 겪기 시작했다. 코로나 전과 후의 삶이 바뀌고 있다. 이런 전례가 없는 변화의 시기에 우리가 살아남기 위해서는 코로나 이후에 어떤 변화가 생길지에 대한 전망이 필요하다. 뉴노멀 시대에는 과거의 표준은 이제 더 이상 통하지 않는다.

새로운 가치가 세상의 변화를 주도하게 된다. 재택근무와 원격 교육의 일상화, 비대면 생활 패턴의 증가, 혼밥 문화의 확산 등 새로운 생활표준은 이미 시작됐다. 교육 분야에서도 이런 새로운 변화의 물결이 오고 있다. 코로나가 불러온 디지털 · 비대면 시대에 학교도 예외는 아니다.

교육의 변화: 수업의 변화

그동안 가장 보수적이었던 교육 분야에서도 뉴노멀 운동이 전개되고 있다. 전통적으로 면대면 교육이 효율적인 교수 학습 방법으로 생각되어 왔지만, 면대면 교육이 실시되지 못하는 환경에서 지금까지 경험해 보지 못한 온라인 개학, 원격 수업이라는 변화로 인해 이전과는 다른 방식의 수업이 새로운 표준으로 학교 현장에 자리잡아가고 있다. 새롭게 맞이하게 될 상황을 기반으로 미래의 교육에 대비하고 뉴노멀 시대를 염두에 두고 배움을 생각해야 할 시기다.

　그렇다면 온라인 수업에서는 어떤 점을 중요시해야 할까?

　먼저 학습자 요인으로 온라인 수업에서 학습자는 오프라인과 달리 학습자가 학습을 주도해야 하는 상황으로 학습자의 자기 주도성이 수업의 만족에 영향을 미치고 있다고 보고하고 있다. 온라인 수업에서 학생들의 자발적인 동기와 자기 주도성이 온라인 학습의 만족도와 학습 효과를 높인다고 볼 수 있다.

　둘째는 교사 요인이다. 온라인 수업에서 교사는 학생들이 온라인에서 학습의 동기 부여, 교사와 학생, 학생과 학생의 상호작용, 적절한 피드백 제공 등 수업의 만족도를 높여줄 수 있는 중요한 촉진자의 역할을 하게 된다. 교사의 적절한 참여는 온라인 상에서 학생들은 실제 교사가 있다는 실제감을 느끼게 되어 학생의 참여도나 만족도를 높이는 효과를 가져올 수 있다.

　마지막으로 콘텐츠 요인이다. 콘텐츠의 품질은 온라인 수업의 중요한 매개로 학생들의 학습 성과에 많은 영향을 미친다. 학생들의 특성에 맞고 의미 있는 학습이 이루어지기 위해서는 온라인 수업의 특성을 감안하여 구조적이고 체계적인 콘텐츠가 제공되는 것이 중요하다.

교사의 전문성을 십분 활용하여 온라인 상에서도 학생들의 동기 유발과 호기심을 자극할 수 있으며 자기 주도성을 높일 수 있는 학습 자료를 협업하여 만드는 것이 중요하다.

온라인 수업이 초기의 혼란을 넘어 자리를 잡아가고 있는 지금의 상황에서 우리는 무엇을 고민해야 할까?

중요한 것은 교육의 최전선에서 수업을 운영하는 주체인 교사가 바로 자신이라는 것을 인지하는 것이 중요하다. 교육의 뉴노멀 시대에도 교사의 역할은 중요하다. 그렇다면 교사의 역할은 어떻게 달라져야 할까?

먼저 비대면 수업에서 교사의 포지션에 대한 고민이 필요하다. 오프라인 수업에서 교사의 역할은 수업뿐만 아니라 학생들의 전인적 발달을 위한 종합적인 포지션이 존재했지만, 비대면 교육의 현실에서 교사는 단순한 지식 전달자의 역할이 더 강해지고 있다. 이런 한계를 극복하기 위해서 학생들의 수준별 맞춤형 컨텐츠 개발, 양방향 소통 플랫폼을 통한 수업 진행 등으로 지식 전달자가 아닌 지식의 안내자 또는 촉진자로서의 역할을 수행하기 위한 노력이 필요하다.

다음으로 교사의 역할과 대응하는 학습자의 학습 태도다. 온라인 수업에 참여하는 학생들의 참여도나 동기는 무척 중요하다.

동기나 참여도가 담보되지 않는 상태에서 비대면 수업의 효과성을 검증하는 것은 무의미할 것이다. 아무리 질 높은 컨텐츠를 만들었어도 학생들이 참여하지 않으면 무용지물에 불과하다. 그래서 학생들의 참여도나 동기를 높이기 위한 교사들의 역할이 중요해진 이유다. 학생들의 자발적 동기를 유발하기 위해서 질 높은 콘텐츠 계발에 힘쓰고 있다. 또한 비대면 수업의 방법을 다양화하여 학생들의 동기를 조장하는 것이 중요하다.

하지만 언택트 상황에서 능동적인 학습 욕구를 키워주는 것은 교사 혼자의 힘으로는 부족하다. 가르침의 방식에 큰 변화가 일어나는 상황에서 학생들의 효율적 배움의 기회를 부여하기 위해서 학부모도 함께 지도해야 한다. 교사의 노력과 학부모의 노력이 함께하면 언택트, 비대면 수업에서 학생들은 능동적인 학습자가 될 수 있다.

유발 하라리는 코로나19 위기가 지나간다 하더라고 대학이 다시 원래대로 돌아가지 않을 것이라고 했다. 이제 언택트, 비대면 수업은 선택이 아니라 필수가 되었다. 하지만 뉴노멀 시대에 교육의 방식은 변할지라도 교육의 본질은 변하지 않는다. 교육의 본질에 기반한 온라인 수업을 바라보면 해답을 찾을 수 있을 것이다. 교사는 단순히 지식 전달자가 아니라 학생들이 미래사회에 자신의 삶을 주체적으로 살아가고 자신만의 정체성을 형성할 수 있도록 조력자가 되어야 하는 이유다.

교육의 변화: 가르치지 말고 배우게 하라

교육이 배움과 가르침이 함께하는 것이라는 것에 이의를 제기하기는 어렵다. 그동안 '가르치는 이' 는 기존 지식을 전달해주는 대변자로 우월적 지위에 있었기 때문에 '배우는 이' 는 상대적으로 자신의 주체적인 지위를 상실한 채 교육에서 소외되어 왔다. 가르침 중심의 교육이 학교를 지배해오는 과정에서 '배우는 이' 는 뒷전으로 밀리고 교육은 성적의 향상과 지식의 축적을 평가하는 경쟁주의 교육에 집중해왔다.

이런 과정에서 '가르치는 이' 는 '배우는 이' 를 배움을 주체로 인정하지 않게 되는 우를 범하게 되었다. 원래 교육의 핵심은 배움이며, 교육의 중심에는 배우는 이가 있어야 한다.

즉 교육은 가르치는 이가 어떤 것을 전달하는 것이 아니라 배우는 이가 얼마나 중심이 되어 스스로 배우고 함께 배우느냐가 중요한 과정이다.

그동안 우리는 교육을 에듀케이션Education으로 생각했다. 에듀케이션에는 가르침의 의미가 강하게 내포되어 있다.

앞서 말했듯이, 서양에서는 교육의 의미를 learning러닝이라는 의미로 본다. 교육에서 러닝을 강조하는 것은 배우는 자가 주체적으로 지위를 갖는 배움을 의미한다. 결국 교육은 가르침이 아니라 배우는 자가 러닝이 더 많이 일어나게 하는 것이 중요하다. 4차 산업혁명의 시대에 미래를 대비하는 교육의 변화가 절실한 지금 우리의 교육은 에듀케이션이여야 하는가, 러닝이어야 하는가? 지금은 학생이 주체적으로 배울 수 있는 러닝이 강조되어야 할 때이다.

러닝을 하려면 어떻게 해야 할까?

가르치는 자가 정말로 잘 가르치고 싶으면 역설적으로 가르치지 말아야 한다. 교사가 가르칠수록 학생의 학습 잠재력은 줄어들게 되고, 학생 스스로 내적인 능력에 의해 향상시킬 수 있는 기회가 줄어들 수 있다. 가르침을 우선하게 되면 우월적 지위를 활용해서 전달이나 설명이 중요하게 된다. 이렇게 되면 당연히 학생들의 배움은 상실될 수 밖에 없다. 수업 중에 학생들이 생각하거나 질문할 기회는 원천적으로 차단되고 학생들은 교사가 설명해주는 대로 외우고 암기하는 모델밖에 되지 않는다.

《페다고지》에서 파울로 프레이리Paulo Freire는 앎의 방법으로 대화를 중요한 수단으로 보고 있다. 대화를 앎과 배움에서 필수불가결한 요소로 본다. 그래서 대화식 교육을 배움과 앎의 과정을 창조하는 수단으로 생각했다.

대화는 앎의 대상을 더 잘 알기 위한 수단이 되기 때문에 학생들은 앎의 대상에 관해서 어느 정도 호기심이 있어야 한다. 만약에 수업 중에 학생들이 대화에 참여하지 않는 경우에는 앎의 대상에 대해서 호기심이 없기 때문이다.

앎과 배움에 호기심이 없으면 앎의 대상을 이해하고 파악할 수 있는 도구의 계발이 어렵게 된다. 그래서 교사는 학생들이 대화에 참여할 수 있도록 호기심을 높일 수 있는 조건을 만들어서 대화에 참여할 수 있게 하는 것이 중요하다. 그러나 교사는 일방적으로 지식을 가지고 있다고 생각하여 다음과 같은 태도와 습관을 갖게 된다.

1. 교사는 가르치고 학생은 배운다.

2. 교사는 모든 것을 알고 학생은 아무것도 모른다.

3. 교사는 생각의 주체이고 학생은 생각의 대상이다.

4. 교사는 말하고 학생은 얌전히 듣는다.

5. 교사는 훈련시키고 학생은 훈련받는다.

6. 교사는 자기 마음대로 선택하고 실행하며 학생은 그에 순응한다.

7. 교사는 행동하고 학생은 교사의 행동을 통해 행동한다는 환상을

  갖는다.

8. 교사는 교육 내용을 선택하고 학생은 거기에 따른다.

9. 교사는 지식의 권유를 자신의 직업상의 권위와 혼동하면서 학생의 자유에

  대해 대립적인 위치에 있고자 한다.

10. 교사는 학습 과정의 주체이고 학생은 단지 객체일 뿐이다.

-파울로 프레이리의《페다고지》중에서-

위와 같은 인식에서 벗어나기 위해 교사는 학생을 늘 자신과 함께할 성찰의 대상으로 인식해야 한다. 학생은 단순히 지식을 청취하는 대상이 아니라 교사와의 대화 속에서 공동 탐구자로 생각해야 한다. 그래서 좋은 교사는 티칭보다는 러닝으로 학생들이 주체성을 가질 수 있도록 질문을 던지거나 문제를 보여주거나 감동이나 영감을 줄 수 있는 상황을 만들어 학생들이 스스로 깨우쳐 탐구하고 싶어하게 하고, 스스로 호기심을 갖게 하는 것이 무엇보다도 중요하다.

《논어》의 〈선진편先進篇〉에 보면 학생의 특성에 따라서 다르게 가르쳐야 한다는 공자의 교학의 기본 사상을 알 수 있다.

어느 날 제자가 공자에게 "좋은 말을 들으면 바로 행동에 옮겨

야 합니까?" 라고 물었다.

공자는 "어떻게 바로 행동에 옮기려 하는가?" 라고 물으며 "좀 더 신중을 기하라" 라고 답한다.

다음 날 다른 제자가 찾아와 똑같은 질문을 했다.

그런데 공자는 전날과 달리 "그렇지, 실천이 중요한 것이다"라고 답했다. 이를 의아하게 여긴 또 다른 제자가 공자에게 물었다. "선생님, 어찌하여 같은 질문에 서로 다른 답을 주십니까?"

제자의 질문에 공자는 첫 번째 제자는 너무 덜렁대니 신중해야 하고, 두 번째 제자는 너무 소극적이니 과감해지라고 답을 주었다고 했다. 많은 제자를 가르친 공자이지만 저마다의 타고난 소질과 성품을 고려하여 그에 맞는 최상의 가르침을 준 것이다.

서양의 교육은 매스-커스터마이제이션Mass-Customization으로 표현된다. 이 말의 뜻은 시대의 변화에 맞춰 기업들이 대량 생산 체제에서 다품종 소량 생산체제로 변화하듯이 교육도 학생들을 획일적으로 다루기보다는 학생들의 다양한 능력과 재능 등을 고려하여 개별적인 교육으로 변화됨을 의미한다. 즉 학생 중심의 개별화 교육을 강조한다. 미래를 살아갈 학생들의 배움을 돕는 학생 개인의 학습을 돕는 데 많은 시간을 보내야 한다.

스포츠에서 코치의 역할처럼 교실에서도 좋은 교사는 좋은 코치처럼 코칭을 할 수 있어야 한다. 자신이 맡고 있는 20~30명의 학생들의 약점과 강점을 정확히 파악하고 있어야 한다. 학생들 각자에게 가장 적절하게 방향 제시를 해주고, 각 학생들에게 맞는 교육 방식을 적용할 수 있게 된다. 각자에게 가장 최적의 방법을 적용하여 제시하면 학생들은 자신감을 갖게 되고, 스스로 자기 자신에 대한 신념을 갖게 될 것이다.

적절한 코치는 학생들의 바른 성장을 좌우할 수 있으며, 학생들은 스스로 깨우치면서 가장 강력한 배움이 일어나게 된다. 결국 훌륭한 교사는 가르침에 앞서 배움을 지향하고, 가르치기보다는 학생들이 서로의 배움을 향해 나아가게 해야 한다. 결국 빠르게 변하는 미래 세상에서 튼튼한 내구성을 지닌 사람으로 성장하기 위해서는 가르치지 말고 배우게 해야 한다.

배움의
궁극적인 지향점

뉴노멀 시대 미래 사회가 예측했던 기술들이 현실화되어가고 있다. 과거의 지식만으로는 미래 사회를 대비할 수 있는 데는 한계에 직면하게 된다. 배움의 지향점이 현재의 삶을 위한 단기적인 목표가 아니고 앞으로 다가올 시대를 살아갈 장기적인 목표이기에 공부의 최종 지향점은 과거와는 달라야 한다.

배움의 동기

우리가 무언가를 배우는 데 중요한 것은 '무엇을 배우는가' 보다는 '왜 배우는가' 다. 왜냐하면, '왜 배우는가?' 가 존재하지 않는 배움은 지속되기 어렵기 때문이다. 배움이 지속되기 위해서는 뭔가를 배우고자 하는 동기가 절대적으로 필요하다. '왜 배우는가' 라는 자신만의 질문 없이 무작정 배우는 데만 집중하게 되면 그 배움은 허수아비에 불과하다. 누군가에게 강력한 학습의 동기가 형성되면 학생들의 배우고자 하는 열망은 지속되고 배움을 하지 못하도록 막기 어려울 것이다.

학생들은 자기들이 좋아하는 게임 캐릭터의 이름은 잘 기억하고 게임을 잘하기 위해서 게임을 분석하고 공부하지만 수학문제를 풀 때는 이런 능력을 활용하지 못한다. 이것이 바로 동기가 중요한 이유다. 학생들이 무엇을 배우지 않으려고 하는 것은 스스로 배우고자 하는 동기를 찾지 못했기 때문이다.

동기를 유발하기 위해서 자주 사용되는 것이 보상과 처벌이다. 좋은 성과를 내기 위해서 학교나 기업에서는 적절한 보상을 제시한다. 이런 보상은 지속성을 담보해주지 못한다. 성과급이나 보너스가 초기에는 성과를 내는 것처럼 보이지만 보상이 사라지면 동기는 금방 사라지게 된다. 다음은 동기를 감소시키는 사례를 제시한 내용이다.

집 앞뜰에서 공놀이를 하는 학생들 때문에 독서를 방해받은 어떤 사람이 학생들에게 조용히 하라고 몇 번 주의를 주었지만 효과가 없었다. 학생들은 공놀이에 집중하다보니 조용히 하라는 어른의 주의에는 전혀 신경 쓰지 않았다.

한참을 고민하다가 공놀이를 중지할 수 있는 좋은 생각을 떠올렸다. 다음 날 공터로 나가 학생들에게 말했다.

"오늘 이곳에서 공놀이를 하면 1달러를 주겠다."

학생들은 다음 날에도 공놀이를 계속하면서 5달러를 받았다.

며칠이 지난 뒤 그 사람은 학생들에게 오늘은 형편이 되지 않아서 1달러를 주지 못하고 대신에 50센트만 주겠다고 했다. 학생들은 약간 기분이 상했지만 여전히 만족하면서 공놀이를 계속했다. 다시 며칠이 지난 후에 학생들은 공놀이를 계속하면서 그 사람을 기다렸다. 그 사람은 학생들에게 1센트를 주면서 "오늘은 이것밖에 줄 수 없구나"라고 했다. 학생들은 왜 1센트만 주나요? 라고 물었다. 그 사람은 "1센트를 받고 공놀이를 하던가 아니면 떠나거라"라고 말했다. 그러자 학생들은 "우리가 1센트를 받고는 공놀이를 할 수 없어요"라면서 다른 데로 가벼렸다. 그 후 학생들은 공터에서 공놀이를 하지 않았다.

-장재윤의《내 모자 밑의 창의성의 심리학》 중에서-

학교 운동장에 가보면 누가 시키지 않았는데도 학생들은 열심히 축구를 한다. 학생들이 축구를 열심히 하는 것은 자신들이 좋아서 하기 때문이다. 이것이 내적 동기다. 내적 동기가 강하면 학생들이 좋아하는 것을 멈추게 하기 어렵다. 그런데 외적 보상을 주게 되면 외적 동기가 되는 것이다. 위의 이야기는 외적 동기를 교묘하게 이용하여 학생들의 내적 동기를 감소시킨 사례다. 내적 동기가 높은 활동에서도 외적 보상이 주어지면 내적 동기가 감소된다. 외적 동기는 일시적으로 어떤 일에 대한 동기를 강화시킬 수 있지만 그 영향은 제한적이고 오래 가지 못한다.

하지만 어떤 일 자체를 즐기는 사람들은 다르다. 보상을 얼마나 받든, 승진이나 평가는 기대하지 않고 오히려 일을 즐기는 사람들이 있다. 이들의 공통점은 정말로 하고 싶은 일을 하기 때문이다. 누가 시켜서 하는 것이 아니라 자신이 정말로 좋아서 하는 것이다. 췌장암 진단키트를 만든 10대 소년 잭 안드리카Jack Andraka 이야기는 강한 내적 동기를 잘 설명해준다.

잭 안드리카는 한 가족처럼 지내던 삼촌이 췌장암으로 세상을 떠나자 구글과 위키피디아에서 췌장암에 대한 혁신적인 연구의 단초를 마련했다.

췌장암이 초기 진단이 어려워 사망률이 80%에 육박한다는 것을 깨닫고 '어떻게 하면 췌장암을 초기에 진단해낼 수 있을까?'라는 의문을 해결하기 위해서 췌장암 진단키트Diagnostic Kit제작에 착수하였다. 수백 번의 실패를 했지만 포기하지 않고 결국 췌장암 진단키트를 만들어냈다. 그것이 바로 '옴 미터Ohm meter' 다.

기존의 진단 방법보다 무려 2만6,000배 싸고, 진단에 걸리는 시간도 불과 5분밖에 되지 않는 혁신적인 진단키트를 만들어냈다.

잭 안드리카가 췌장암 진단키트를 만들어낸 것은 그를 이끄는 강한 동기가 작용했기 때문이다. 강한 내적 동기가 스스로 배움의 여정으로 이끄는 것이 바로 열정적인 자기 주도성이다. 내면적 동기는 자신의 성장과정과 경험을 통해서 형성되기 때문에 이런 자발적 동기가 사그라들지 않도록 하는 것이 중요하다.

잭 안드리카

자발적 동기가 형성된 사람들은 스스로 목표를 설정하고 그 목표를 향해 열정적인 자기주도성으로 학습하고 성장하고 놀라운 결과를 만들어낸다. 물론 이 과정에서 수많은 어려움을 대면하겠지만 이에 좌절하지 않고 어떤 보상과 인정이 없어도 견딜 수 있는 힘을 가지게 된다. 결국 강력한 내면적 동기는 배움의 궁극적인 지향점인 자아실현의 단계로 이끌어주게 된다.

동기 부여의 비결: 동기를 부여하는 비결은 과학과 심리학 이론에 수없이 많이 나온다. 그런데 자세히 들여다보면 동기를 부

여하는 특별한 방법은 찾기 어렵다. 동기는 어떤 맥락 속에서 형성되어야 힘을 발휘할 수 있다. 맥락 속에서 형성되지 않는 동기는 강한 자기주도성을 이끌어내지 못한다.

구본권의 《공부의 미래》, 존 카우치John Couch와 제이슨 타운 Jason Towne의 《교실이 없는 시대가 온다》등에서 제안하고 있는 학생들의 동기 부여 방법에서 몇 가지 공통적으로 사용되는 원리가 있다.

첫째, 자기 선택 효과다.

EBS에서 학생들의 자기 선택 효과를 연구했다. 비교반과 실험반의 결과물을 그 분야의 전문가들에게 의뢰하여 학생들의 창의성 정도를 비교한 결과 자신이 스스로 선택하고 체험하여 만들어낸 결과물이 그렇지 않은 반에 비해서 월등히 좋았다.

수업 과정에서도 교사가 재료를 나누어준 반의 학생들은 금세 작품을 만들고 친구들과 잡담하는 데 정신이 없는 반면, 자기 스스로 재료를 선택한 반의 학생들은 쉬는 시간에도 자리를 비우지 않고 작품을 만들기에 집중하는 모습을 보였다. 학생들에게 학습 방법에 관해서 선택권을 주면 학습에 참여하는 동기가 높아지고 학습의 참여나 결과물에서도 높은 효과를 주게 된다.

둘째, 현실성과 관련이 있다.

우리는 꿈을 이야기할 때 현실성을 항상 생각한다. 실현 가능한 현실성을 따지다 보니 꿈은 작아질 수 밖에 없다. 하지만 현실성을 넘어선 꿈이 실현될 수 있는 여지는 언제나 존재한다. 한때 전자 산업을 주름잡았던 소니를 삼성이 따라잡는다고 선언했을 때 현실성을 보고 모두들 불가능하다고 생각했다. 하지만 그 불가능성이 이제는 현실이 되었다.

한 사람의 생각을 현실성이라는 우리에 가둬서 새싹이 트지 못하게 하면 안 된다. 대신에 그들이 원하는 것을 할 수 있도록 지지해주고 필요한 것을 찾아서 연결시켜주는 것이 필요하다.

셋째, 실패와 의식적인 연습이다.

역사적으로 성취를 이뤄낸 사람들의 이야기를 보면 하나의 공통점을 발견할 수 있다. 남들은 실패하면 좌절하고 포기하기 마련인데 이들은 실패를 반전의 기회로 삼아 더 큰 성취를 이뤄냈다. 몇 번의 실패 상황에서 어떤 사람은 좌절하고 어떤 사람은 더욱 의식적인 노력으로 마침내 성공을 이뤄낸다. 살면서 만나는 수많은 실패와 좌절 앞에서 움츠러들지 않고 다시 일어나 도전하게 만드는 힘, 그것이 바로 동기의 힘이다.

1만 시간의 법칙을 이야기한 안데르스 에릭슨Anders Ericsson, 캐나다의 심리학자은 우리가 흔히 말하는 타고난 재능을 연습의 결과로 본다. 이 말은 성공의 결과는 타고난 재능에서 오는 것이 아니라 의식적인 연습에 기인한다는 의미다.

　습관적인 연습이 아닌 자신의 현재 수준을 넘어설 수 있는 의식적인 반복적 연습을 말한다. 우리가 타고난 천재라고 생각하는 많은 유명한 스포츠 선수, 음악가 등이 사실은 천재성이나 타고난 재능보다는 의식적인 학습 과정을 통해서 성취한 결과로 보는 것이 더 타당하다. 물론 특정 분야에서 재능이 많은 사람이 의식적인 연습을 하면 더 높은 수준에 도달할 가능성은 존재한다.

　사람들은 충분한 재능을 가지고 있기 때문에 그들이 실패를 버틸 수 있는 의지력을 강화시켜주고, 자신이 좋아하는 일이나 생각을 유지하도록 내면의 동기를 자극시켜주면, 결국 실패를 넘어서 훌륭한 성취를 이뤄낼 수 있다.

　넷째, 열정적 끈기다.

　열정적 끈기는 실패를 극복하는 힘과 관련이 있다. 실패를 극복하는 힘이 존재하면 열정적으로 지속 가능한 힘이 생긴다. 영재발굴단 프로그램에서 서울대 학생들의 아이큐가 그다지 높지 않다는 것을 보여준 적이 있다. 하지만 그들에게는 다른 사람이 가지고 있지 않은 열정적 끈기가 있었다.

《그릿》의 저자 앤절라 더크워스는 이것을 포기하지 않는 마음, 그릿열정과 끈기를 합친 단어으로 이야기하고 있다. 그릿이 있는 사람은 성공하는 것을 통계적, 사례적으로 보여주고 있는데, 재능이라는 현혹에서 벗어나서 성공한 사람들은 열정적인 끈기로 실패를 딛고 성취를 만들어냈다고 했다.

그릿은 열정과 끈기로 구성되어 있고, 그릿의 4가지 요소는 관심, 연습, 목적, 희망이다. 그릿이 강한 사람은 자신의 모든 것을 열정적인 끈기로 바쳐서 탁월성을 성취해낸 사람이다. 학생들이 자신의 관심 분야에 뚜렷한 목적과 희망으로 동기가 부여되었다면 열정적 끈기는 발현될 수 있다.

배움의 욕구

임상심리학자 매슬로우A. H. Maslow는 자신의 임상 경험을 바탕으로 1943년에 발표한 이론에서 '인간 욕구 5단계' 이론을 발표했다. 인간의 욕구가 5단계의 층위를 이룬다고 생각하고 인간의 내부에 잠재하고 있는 욕구는 상대적 중요성에 따라 가장 기본적인 차원인 생리적 욕구에서부터 최고 차원인 자기실현의 욕구까지 5단계의 계층을 이루고 있다고 주장했다.

1단계는 생리적 욕구physiological needs로 먹고, 자고, 입는 등의 우리가 생활하는 데 가장 기본적인 요소가 포함되는 생리적 욕구다.

2단계는 안전 욕구safety needs로 생리적 욕구가 어느 정도 충족되면 안전의 욕구가 나타난다. 신체적, 감정적인 위험으로부터 보호되고 안전하기를 바라는 욕구다. 건강과 신체뿐만 아니라 불확실성 및 불안정에서 벗어나 익숙하고 안전한 상태를 선호하는 경향을 말한다.

3단계는 소속감과 애정의 욕구love&belonging needs로 누군가를 사랑하고 싶은 욕구, 어느 한곳에 소속되고 싶은 욕구, 친구들과 만나고 싶은 욕구 등 소속감과 애착을 추구한다. 생리적 욕구와 안전 욕구가 어느 정도 충족되면 소속감이나 애정 욕구가 나타나게 된다. 가족이나 친구, 집단과 관계를 맺고 친밀감과 애정을 갖기를 원한다.

4단계는 자기 존경존중**의 욕구**esteem needs다. 인간이 어디에 속하려는 소속의 욕구가 만족되면 다른 사람들로부터 인정과 존경을 받고자하는 성향을 말한다. 존경의 높은 욕구는 역량, 통달, 자신감, 독립심 같은 자존감이다.

5단계는 자아실현의 욕구self-actualization needs다. 매슬로우는 자아실현을 가장 최상의 욕구로 강조했다. 모든 단계가 기본적으로 충족되어야 이루어질 수 있는 마지막 단계로, 자신의 발전을 이루고 잠재력을 끌어내는 단계다.

외부로부터 인정과 존경을 받는 것을 넘어 내적 성장을 위한 욕구 또는 삶의 궁극적 의미를 추구하는 욕구다. 매슬로우의 욕구 5단계 이론은 낮은 단계의 욕구가 충족되어야 삶의 궁극적 목표인 자아실현이 달성될 수 있다.

〈 인간의 기본적인 욕구 〉

의미욕구 영적 에너지
믿고 지지하는 것, 의미를 가져다 주는 존재의 필요

자기표현욕구 이성 에너지
자신의 재능과 기술을 자유롭게 개발하고 발휘

안전욕구 감정 에너지
자신의 존재와 역할에 대한 안정과 관심

지속욕구 신체 에너지
신체적인 건강을 유지하기 위한 규칙적인 운동과 휴식

생존욕구
생존에 필요한 물질기반

자아실현의 욕구

존경의 욕구

소속과 사회적 욕구

안전의 욕구

생리적 욕구

〈 매슬로우의 욕구 5단계 〉

매슬로우 욕구 단계 및 인간의 기본적인 욕구

인간의 배움은 어느 단계에 있을까?

우리가 공부하는 목적이 과연 매슬로우가 제시했던 최상의 단계인 자아실현의 욕구에 해당될까? 인간의 모든 행위는 욕구 충족에서 비롯된다. 배움은 그 목적에 따라서 여러 단계에 걸쳐 있을 수 있다.

좋은 직업을 찾는 것이 목적이라면 1단계인 생리적 욕구를 찾는 사람일 것이다. 남들보다 더 나은 성공을 이루고 다른 사람으로부터 인정을 받고 싶은 사람은 자기 존경의 욕구에 해당된다. 최고의 단계인 자아실현의 욕구를 추구하는 것은 배움을 통해서 자신의 꿈을 향해 지속적으로 나아가는 것이다. 자아실현의 욕구를 추구하는 사람은 외부로부터 인정과 존경을 받는 것을 넘어 내적 성장을 위한 욕구 또는 삶의 궁극적 의미를 추구하는 욕구이다.

매슬로우가 제시한 5단계에서 우리는 각자 배움의 궁극적인 목표점을 어느 단계에 지향점을 두어야 할까?

몰입의 즐거움

열정적인 끈기와 관련 있는 것이 바로 몰입이다. 몰입은 사람들이 전적으로 어떤 일에 빠져들어 느끼는 총체적 감흥이다. 그래서 내재적으로 동기화된 행동을 하는 개인들은 활동에 완전히 몰입하는 경험을 하게 된다. 몰입은 시간과 공간에 대한 인식을 잊게 만들기도 한다. 사람들이 자기들이 좋아하는 놀이를 하는 경우에 완전히 빠져들어서 시간을 인식하지 못하는 경우가 해당된다. 예술가의 경우에 몰입을 경험하는 경우가 많다.

《몰입의 즐거움》의 저자 칙센트미하이Mihaly Csikszentmihalyi는 최적의 동기는 과제의 난이도와 실력이 적절히 맞아떨어지는 지점에서 발생하게 된다고 했다. 과제와 실력의 관계에서 과제가 너무 어려우면 쉽게 포기하고, 과제가 실력에 비해 쉬우면 동기가 형성되지 않는다. 몰입의 조건으로 과제의 난이도와 실력이 적당히 균형을 이루면 어떤 활동에서도 몰입을 맛볼 수 있다고 했다. 아울러 목적성을 가진 사람은 몰입의 경험을 많이 하기 때문에 자기 목적성을 가지고 우리 자신의 의지와 동기가 원하는 방향으로 마음을 기울여야 한다.

누군가를 배움으로 이끌기 위해 최적의 동기를 갖게 하려면 그 수준을 고려하여 수준이 비슷하거나 그보다 약간 높은 수준으로 제시하여 배우는 것에서 지루함이나 불안함이 아닌 긍정적인 도전의식과 즐거움을 느끼게 해주어야 한다.

교육에서는 학업 성취도의 차이를 자주 이야기하지만 동기 부여에 관한 것은 상대적으로 관심을 가지지 않고 있다. 학습에서 동기 부여가 중요함에도 우리는 성취도 격차의 원인을 다른 쪽에서 찾아왔다. 분명히 동기 부여가 잘된 학생과 그렇지 못한 학생 사이에는 성취와 성공에서 차이를 보인다. 그래서 이제부터라도 학생들의 동기 부여에 관심을 가져야 한다.

스스로 동기를 찾은 학생들이 열성적인 자기주도성으로 배움의 여정으로 나아갈 수 있게 해야 한다. 물론 학생들에 따라서는 스스로 동기를 찾기도 하지만 그렇지 못한 학생들을 위해서 끊임없이 내재화된 동기를 찾도록 도와주어야 한다. 학생들의 동기 부여를 위한 일반적인 방법이 존재하기 때문에 어떤 것이 학생 개개인에게 효과적인지 찾아내는 것이 중요하다.

최적의 동기를 갖게 하는 것은 교육의 회로를 바꿀 수 있다는 것이다. 학생들이 최적의 동기를 찾도록 학습에 자기 결정권을 갖도록 해주고, 학생들이 자신이 원하는 것을 하고 원하는 만큼 성공하도록 자신감을 심어주어야 한다.

이것은 결국 실패를 극복하고 의식적인 연습을 하도록 유도하며, 열정적 끈기로 이끌어 몰입을 경험하게 하여 궁극적으로 더 나은 성취로 이어진다.

미래 사회,
배움의 태도를 바꿔라

일상을 살다보면 설렘과 두려움이라는 두 단어가 교차되어 다가오는 경우가 많다. 설렘과 두려움은 감정의 상태다. 우리가 어떤 상황이나 사건에서 어떻게 마음가짐을 가지는지에 따라서 두 가지 감정은 다르게 나타난다. 두려움은 설렘보다는 부정적인 느낌이다. 두려움을 느끼게 되면 뒤로 물러서거나 도망치게 된다.

반면에 설렘은 마음의 상태가 긍정적이다. 설렘은 어떤 상황에 직면하면 도전적이고 미래지향적인 마음이 생겨나게 된다. 그래서 두려움보다는 설렘으로 접근하게 되면 그 상황을 긍정적으로 인식하게 된다.

이와 비슷한 단어로 울림과 떨림이 있다. 물리학자 김상욱 교수는 《울림과 떨림》에서 다음과 같이 묘사했다.

"우주의 모든 현상을 떨림으로 설명한다. 우주를 구성하는 모든 것은 끊임없이 떨고 있다. 우리 주위에 정지한 것처럼 보이는 것도 자세히 보면 떨고 있다. 단지 그 떨림이 눈으로 확인이 되지 않을 뿐이다.

대표적으로 소리의 떨림이다. 소리는 눈에 보이지 않는 공기의 떨림에 의하여 전달된다. 우리는 떨림을 몸으로 느끼기도 한다. 사랑하는 사람 앞에 있으면 심장의 떨림을 느낀다. 좋은 영화나 노래를 들으면 우리의 마음은 떨린다.

책을 읽거나 뉴스를 보면서 우리는 감동으로 또는 슬픔으로 마음이 떨린다. 이처럼 우리는 다른 사람의 떨림을 감동이라는 울림으로 답한다. 어떤 때는 나의 울림이 다른 이의 떨림이 되기도 한다."

이처럼 울림과 떨림은 서로 연결되어 있으며 나의 긍정적 떨림이 곧 다른 사람의 긍정적 울림으로 되돌아오기 때문에 우리는 삶을 긍정적 울림과 떨림이 되도록 바라봐야 한다.

뇌 과학자인 정재승은 《열두 발자국》에서 실망과 후회를 이야기했다. 실망이란 내가 선택을 하기 전에 기대한 것에 비해 결과 값이 못 미칠 때 우리가 겪게 되는 부정적인 감정이다. 우리가 기대한 결과가 기대만 못 할 때 우리는 실망이라는 반응을 보인다. 실망은 부정적인 감정을 유발한다.

반면에 후회는 선택의 결과이다. 두 가지의 선택 상황에서 어느 쪽을 택하면 좋을지 머릿속으로 상상을 한 후에 두 가지 상황에서 얻게 되는 결과를 예상한다. 그리고 한쪽을 선택했을 때 나온 결과물을 비교해 보고 다른 선택 결과물보다 얻게 되는 이득이 작으면 후회하게 된다. 우리가 후회 없는 삶을 살겠다고 다짐하는 것은 다른 선택지를 고려하지 않고, 새로운 시도나 새로운 삶을 원하지 않는다는 의미다. 현재의 상태에 만족하고 살아야만 후회 없는 삶을 살게 된다. 후회 없는 삶을 사는 것보다는 자신의 선택을 성찰하면서 후회를 줄여나가는 과정이 올바른 태도라고 생각한다.

인간이면 누구나 새로운 환경이나 새로운 것을 배우는 것을 꺼려하게 된다. 일상적이고 안정적인 삶으로부터 벗어나게 되면 굉장한 스트레스를 받기 때문이다. 그래서 새로운 선택지가 발생하면 두려움이 앞서고 결국 현재의 편안하고 안정된 삶 속에서 늘 하던 방식으로 머물고 싶어진다. 그래서 새로운 환경이나 새로운 것을 배우는 일을 하지 않게 된다.

그러나 반복되는 일상에서 벗어나기를 바라는 사람들이 있다. 이런 사람들은 새로운 환경이나 새로운 배움을 설렘으로 받아들인다. 한 번도 경험해보지 않은 길은 가는 것은 실패 가능성이 높지만, 문제를 잘 해결하고 성공할 수 있는 가능성도 존재한다. 두려움으로 머물러 있는 것보다는 새로운 일을 설렘으로 다가서는 긍정적인 마음이 필요하다. 내가 선택한 선택지를 면밀히 살펴보고 실행하게 되면 새로운 즐거움, 새로운 경험, 새로운 결과물이라는 열매를 얻을 수 있다.

성공하는 삶이란 어떤 삶일까?

우리의 인생은 배움의 결과가 아니라 배움의 과정이다. 과정에 따라서 우리는 성장하게 된다. 두려움과 실망의 마음보다는 무언가를 배워 내 것으로 만든다는 설렘으로 미래를 준비해야 할 것이다. 이런 과정에서 때로는 후회를 하게 되겠지만 후회를 성찰하고 줄여가면서 다시 도전해야 한다.

 현재의 상태가 주는 안락함, 포근함, 안전함에 갇혀 사는 삶에는 두려움과 실망만이 따르게 된다. 설렘으로 날마다 새로운 배움을 위해 노력하면 나의 삶은 언제나 떨림과 울림을 경험한다. 이런 나의 울림과 떨림은 다른 이에게 또 다른 떨림과 울림이 되어 돌아온다. 설렘과 성찰을 동반하는 후회, 그리고 울림과 떨림이 많은 삶은 시간과 환경이 변하는 미래에도 흔들리지 않는 가치일 것이다. 결국 미래를 스스로 결정하는 능력은 자신이 성찰하면서 삶을 어떻게 바라보느냐에 달려 있다.

나의 어릴 적 꿈과 호기심

내가 태어난 곳은 12가구 정도가 사는 산골짜기 동네다. 읍내에서 1시간가량 떨어져 있는 산속의 조그만 동네여서 친구라고는 고작 나를 포함하여 세 명뿐이었다.

학교는 집에서 40분 정도 걸어야 도착하는 곳에 있었고, 교통이 발달되지 않은 곳이라서 매일 걸어서 학교에 갔다. 학교 가는 길에 제법 큰 마을을 지나야 하는데, 거기에는 또래의 친구들이 아주 많이 살고 있었다. 그런데 우리 마을과 불과 1킬로미터 남짓의 거리를 두고 있지만 우리 동네 친구처럼 가깝게 지내지 못했다. 그래서 우리 세 명은 항상 학교를 함께 다녔다. 아마도 큰 동네에 사는 학생들이 우리를 괴롭히지 못하게 할 목적도 있었을 것이다.

산속이고 시골길이라서 항상 들판을 따라서 친구들과 학교까지 걸어갔다. 당시만 해도 시골 들판에서는 요즘에 볼 수 없는 갖가지 자연 현상을 볼 수 있었다.

가끔 길가에 뱀이 똬리를 틀고 있었고, 들판의 잡초들 사이에 삐비라는 풀이 있는데, 이것을 뽑아서 씹으면 요즘 말하는 껌이 되기도 한다. 들판 여기저기에 보리가 자라고 있었으며 보리피리도 많이 불었다. 이처럼 오후에는 친구들과 들판이나 산속에서 볼 수 있는 여러 가지 동·식물을 보고 놀면서 오다 보니 집으로 오는 시간은 항상 더 걸렸던 기억이 난다.

보름이 되면 항상 큰 동네와 불 싸움을 했던 기억이 난다. 우리 동네와 아주 가까이 살면서도 쥐불놀이나 불 싸움을 하면 언제나 서로 적이 되곤 했다. 이것이 다른 동네 학생들과 친해지지 못한 이유이기도 했다.

당시 시골은 언제나 밤이 되면 하늘에 반짝이는 별이 많았다. 그래서 쥐불놀이 이후에는 친구들과 들판에 누워서 하늘에 별을 관찰하곤 했다. 그때는 호기심이 왕성한 때여서 밤하늘의 별을 보고 마음껏 상상의 나래를 펼쳤다. 특히 그 당시 인기 있었던 〈은하철도 999〉만화 영화가 우주에 대한 관심을 키우는데 많은 영향을 주었다.

〈은하철도 999〉에서는 철이라는 인물이 영원한 생명을 찾아

〈은하철도 999〉한 장면

서 은하철도 999 기차를 타고 우주의 여러 별들을 여행하면서 겪는 이야기다. 어떤 별에서는 기쁜 일을 겪고 어떤 별에서는 슬픈 일을 나누고, 또 어떤 별에서는 죽음의 고비를 넘기는 등 다양하고 흥미진진한 이야기를 담고 있다. 은하철도 999와 시골 밤하늘의 경이로운 관찰 경험이 어릴 적 우주에 대한 동경을 갖게 했고, 우주탐험이 나의 꿈이 되었다.

영화 〈마션The Martion〉에서는 인간이 화성을 탐험하는 내용을 담고 있다. 이 영화는 화성을 탐사하던 중 화성의 모래 폭풍에 의해서 고립된 한 남자를 구하기 위한 구출 작전을 다룬다. 하지만 주요 내용은 화성을 배경으로 그려지는 주인공의 생존기다. 화성에서 혼자 남게 된 주인공은 구출되기까지 가지고 있는 식량으로 살

영화 〈마션〉의 한 장면

아갈 수밖에 없다.

이런 상황에서 자신의 과학적 지식을 총동원하여 로켓 연료의 수소를 이용하여 물을 만들고, 화성의 흙에 박테리아를 배양하여 감자를 키워서 식량을 만들어 구출되기까지 오랜 기간을 생존하게 된다. 〈마션〉은 인류에게 아직 미지의 땅인 화성 여행의 낭만적인 꿈을 보여주는 동시에 과학적 지식과 사고방식이 중요함을 말해주고 있다.

〈은하철도 999〉나 영화 〈마션〉처럼 인간이 우주를 자유롭게 여행하려면 아직도 많은 시간이 필요하다. 물론 인간이 최초로 달로 유인 우주선을 보낸 경험이 있지만, 인류의 영원한 꿈인 화성 탐사는 아직 이루지 못했다. 이제까지 화성에는 무인 우주선만 보내졌다.

2011년에 화성에 보내진 무인우주선인 큐리오시티Curiosity호는 우리말로 '호기심' 이라는 의미다. 최근에 보내진 퍼서비어런스Perserverance호는 '불굴의 의지' 라는 의미다. 인간의 호기심과 불굴의 의지만 있으면 불가능도 가능으로 바뀔 수 있지 않을까 생각해 본다. 몇 년 전에 미국의 나사NASA에서는 화성 탐사 프로젝트를 발표하여 2034년에 인간을 화성으로 보낸다는 계획을 발표했다.

이 프로젝트는 일명 원웨이One-way티켓이다. 현재의 기술로는 화성에는 갈 수만 있지 다시 돌아올 수는 없기 때문이다. 그래서 화성탐사 원웨이 티켓을 위해서 우주비행사를 공개적으로 모집했다. 가면 돌아올 수 없는 화성 탐사이지만 전 세계적으로 지원한 사람이 7만7,000명이나 된다고 하니, 인간의 호기심과 불굴의 의지는 죽음보다도 더 위대한 것 같다.

SF 영화 〈인터스텔라Interstellar〉를보았다. 3시간의 긴 영화이지만 한시도 눈을 떼지 못했다. 내 자신이 영화 속에 들어간 듯 했다. 영화이지만 가장 사실적인 천체물리학을 표현한 영화였다. 한참 동안 〈인터스텔라〉의 감동이 나를 감싸고 놓아주지 않았다. 그래서 〈인터스텔라〉에서 제시된 여러 물리학 법칙을 찾아

영화 인터스텔라 한 장면

보고 공부를 했다. 그러고 나서 영화를 한 번 더 보았다. 두 번째 보니 영화에서 나오는 물리학 법칙이 더 쉽게 이해가 되었다.

〈인터스텔라〉에서 가장 중요한 물리학 법칙은 중력이다. 아인슈타인은 중력을 뉴튼이 제시한 고전 이론과 다른 접근을 시도했고, 그 결과로 얻는 것이 바로 일반 상대성 이론과 특수상대성 이론이다. 일반상대성 이론은 중력에 의한 시간 왜곡을 의미하고, 특수 상대성 이론은 속도에 의한 시간 왜곡을 의미한다. 아인슈타인이 제시한 상대성 이론은 블랙홀, 시간여행, 웜홀 등의 기반이 되었다.

〈인터스텔라〉를 두 번이나 몰입해서 볼 수 있었던 것은 아마도 어릴 적 꿈의 실현을 영화에 투영하면서 보았기 때문일 것이다. 지금도 영화나 책을 보면서 항상 동경의 대상이었던 무한한 우주를 연구하고 마음대로 여행하고 싶다는 생각을 하곤 한다.

《초신성의 후예》의 저자 이석영 교수의 우주와 인생 이야기는 흥미롭다. 천문학에 흥미가 있었지만 천문학의 불모지였던 한국에서의 공부가 어려워 자신의 꿈을 실현하기 위해서 미국으로 유학을 떠났고, 어렵게 유학 생활을 하면서 젊은이면 누구나 생각해 보았던 나사NASA에서의 근무, 미국과 영국의 유명 대학교에서의 천문학교수 생활 등의 이야기다.

천문학자 이석영 교수의 우주와 인생 이야기를 읽으면서 나의 어릴 적 꿈인 우주에 대한 동경과 사랑, 그리고 외국에서의 천문학 공부나 연구 서적 등을 보면서 어릴 적 꿈을 이루지 못한 것에 지금도 아쉬움이 남는다.

어릴 적 쥐불놀이를 하면서 밤하늘의 별을 보고 '어떻게 우주에는 저렇게 많은 별들이 존재할까?' 를 생각했고, 공상과학 영화나 〈은하철도 999〉가 보여준 흥미로운 우주여행 등이 나의 꿈을 키울 수 있는 밑거름이 되었다. 이런 우주에 대한 동경과 상상 덕분에, 과학자로 성장하지 못했지만 과학 교육을 전공하고 학생들을 가르치는 교사가 되었는지도 모른다.

아직도 어릴 적 꿈을 간직하고 있지만 아련한 기억 속에서 머물고 있다. 이런 기억들은 밤늦은 캠핑장에서 막내 딸 은우에게 밤하늘에 떠있는 별에 대해 설명해 줄 때나 천문학 서적을 읽을 때 문득 생각이 나곤 한다. 그리고 이런 기억들 속에서 현재의 나와 미래의 나를 생각해 보는 시간을 가끔 가져보기도 한다.

학생들은 여러 가지 다양한 경험이나 계기를 통해서 자신만의 꿈을 가지게 된다. 학생 저마다의 꿈이 잘 자라게 해주는 것이 중요한 교육 중의 하나라고 생각한다. 학교에서 학생들의 꿈이 잘 자랄 수 있도록 학생들의 호기심이나 상상력을 잘 키워주는 것이 중요하다. 그러면 언젠가 우리가 가르치는 학생들 중에서 자신의 분야에서 세계를 선도하는 인재가 될 수 있을 것이다.

참고문헌

강신주 씀(2011), 철학이 필요한 시간, 경기: 사계절.

강철희 씀(2020), 교사의 독서, 서울: 휴머니스트.

구본권 씀(2019), 공부의 미래, 서울: 한겨레출판사

김진영 씀(2016), 격의 시대, 부산: 영인미디어

김남시 씀. 강전희 그림(2013), 본다는 것, 서울: 너머학교.

김성호 씀, 이유정 그림(2015), 관찰한다는 것, 서울: 너머학교.

남창훈 씀, 강전희 & 정지혜 그림(2010), 탐구한다는 것, 서울: 너머학교.

로버트 루트번스타인 & 미셸 루트번스타인 씀, 박종성 옮김(2007), 생각의 탄생, 경기: 에코의 서재.

말콤글래드웰 씀, 노정태 옮김(2009), 아웃라이어, 경기: 김영사.

미하이 칙센트미하이(2010), 몰입의 즐거움, 서울: 해냄출판사.

박경철 씀(2011), 시골의사 박경철의 자기 혁명, 서울: 리더스북.

박정준 씀(2019), 나는 아마존에서 미래를 다녔다, 서울: 한빛비즈.

마틴 셀리그만 씀(2011), 최호영 옮김, 학습된 낙관주의, 경기: 21세기 북스

사토 마나부 씀(2014), 한국배움외공동체연구회 옮김, 교사의 배움, 서울: 에듀니티

안근용, 조원규 씀(2019), 조직 문화가 전략을 살린다, 경기: 플랜비디자인.

우석영 씀(2011), 낱말의 우주, 경기: 궁리.

우종학 씀(2009), 블랙홀의 교향곡, 경기: 동녘사이언스.

이상욱 씀(2019), 과학은 이것을 상상력이라고 한다, 서울: 휴머니스트.

이혁규 씀(2015), 한국의 교육 생태계, 서울: 교육공동체 벗.

이혁규 씀(2013), 수업, 서울: 교육공동체 벗.

임후남, 최정윤, 여승수, 서영인, 신현석, 고장완(2010), 한국 대학생의 학급과정 분석연구, 한국교육개발원 연구보고서.

장윤재, 박지영 씀(2007), 내 모자 밑에 숨어있는 창의성의 심리학, 서울: 가산출판사.

조벽 씀(2010), 나는 대한민국의 교사다, 경기: 해냄출판사

존 카우치 씀(2019), 김영선 옮김. 공부의 미래, 서울: 어크로스.

존 카우치 & 제이슨 타운 씀(2020), 김영선 옮김. 교실이 없는 시대가 온다, 서울: 어크로스.

최인수 씀(2011). 창의성의 발견, 서울: 쌤앤파커스.

최진석 씀(2018), 탁월한 시선, 경기: 21세기 북스.

최진석 씀(2013), 인간이 그리는 무늬, 서울: 소나무.

카를로 로벨리 씀, 이중원 옮김(2019), 시간은 흐르지 않는다 - 우리의 직관 너머 물리학의 눈으로 본 우주의 시간, 서울: 쌤엔파커스.

파울루 프레이리 씀(2018). 남경태 옮김. 페다고지, 서울: 그린비.

프랑크 파블로브 씀(2013), 레오니트 시멜코프 그림, 해바라기 프로젝트 옮김

http://gotosearchresultpage.helpstart.co.kr/ad/tab_open.php?app=205&domain=yes24.com&type=1&aid=7597&browser=chrome갈색아침,서울: 휴먼어린이.

Wolfgang Sunkel 씀, 권민철 옮김(2005), 수업현상학, 광주: 학지사

참고사이트

https://magazine.hankyung.com/money/article/202101205299c

https://text-addicted.tistory.com/37

https://www.chosun.com/site/data/html_dir/2009/12/21/2009122101716.html

삶을 업그레이드하는 더 나은 책 ────────

공부유감

이창순 지음
252쪽 | 14,000원

핫팁

노경한 지음
298쪽 | 14,000원

놓치기 아까운
젊은날의 책들

최보기 지음
248쪽 | 13,000원

뚜띠쿠치나에서 인문학을
만나다

이현미 지음
216쪽 | 14,000원

걷다 느끼다 쓰다

이해사 지음
364쪽 | 15,000원

독서향기

다이애나 홍 지음
248쪽 | 12,000원

베스트셀러
절대로 읽지 마라

김욱 지음
288쪽 | 13,500원

책속의 향기가
운명을 바꾼다

다이애나 홍 지음
257쪽 | 12,000원

살아가면서 한번은 당신에 대해 물어라

이철휘 지음
252쪽 | 14,000원

1등이 아니라 1호가 되라 (양장)

이내화 지음
272쪽 | 15,000원

감사, 감사의 습관이 기적을 만든다

정상교 지음
242쪽 | 13,000원

아바타 수입

김종규 지음
224쪽 | 12,500원

직장 생활이 달라졌어요

정정우 지음
256쪽 | 15,000원

4차 산업혁명의 패러다임

장성철 지음
248쪽 | 15,000원

리더의 격 (양장)

김종수 지음
244쪽 | 15,000원

숫자에 속지마

황인환 지음
352쪽 | 15,000원

공복과 절식

양우원 지음
267쪽 | 14,000원

내 몸이 아픈 이유는 무엇일까

임청우 지음
272쪽 | 14,000원

프로폴리스 면역혁명

김희성 지음
240쪽 | 14,000원

질병은 치료할 수 있다

구본홍 지음
240쪽 | 12,000원

암에 걸려도 살 수 있다

조기용 지음
247쪽 | 15,000원

암에 걸린 지금이 행복합니다

곽희정 · 이형복 지음
246쪽 | 15,000원

정력의 재발견

양우원 지음
264쪽 | 14,500원

노니 건강법

정용준 지음
156쪽 | 12,000원

당신이 생각한 마음까지도 담아 내겠습니다!!

책은 특별한 사람만이 쓰고 만들어 내는 것이 아닙니다.
원하는 책은 기획에서 원고 작성, 편집은 물론,
표지 디자인까지 전문가의 손길을 거쳐
완벽하게 만들어 드립니다.
마음 가득 책 한 권 만드는 일이 꿈이었다면
그 꿈에 과감히 도전하십시오!

업무에 필요한 성공적인 비즈니스뿐만 아니라 성공적인 사업을 하기 위한
자기계발, 동기부여, 자서전적인 책까지도 함께 기획하여 만들어 드립니다.
함께 길을 만들어 성공적인 삶을 한 걸음 앞당기십시오!

도서출판 모아북스에서는 책 만드는 일에 대한 고민을 해결해 드립니다!

모아북스에서 책을 만들면 아주 좋은 점이란?

1. 전국 서점과 인터넷 서점을 동시에 직거래하기 때문에 책이 출간되자마자 온라인, 오프라인 상에 책이 동시에 배포되며 수십 년 노하우를 지닌 전문적인 영업마케팅 담당자에 의해 판매부수가 늘고 책이 판매되는 만큼의 저자에게 인세를 지급해 드립니다.

2. 책을 만드는 전문 출판사로 한 권의 책을 만들어도 부끄럽지 않게 최선을 다하며 전국 서점에 베스트셀러, 스테디셀러로 꾸준히 자리하는 책이 많은 출판사로 널리 알려져 있으며, 분야별 전문적인 시스템을 갖추고 있기 때문에 원하는 시간에 원하는 책을 한 치의 오차 없이 만들어 드립니다.

기업홍보용 도서, 개인회고록, 자서전, 정치에세이, 경제 · 경영 · 인문 · 건강도서

모아북스 문의 0505-627-9784
MOABOOKS

배움은 어떻게 내 것이 되는가

| **초판 1쇄** 인쇄 | 2021년 04월 01일 |
| **1쇄** 발행 | 2021년 04월 07일 |

지은이	박성일
발행인	이용길
발행처	**모아북스** MOABOOKS

| **관리** | 양성인 |
| **디자인** | 이룸 |

출판등록번호	제 10-1857호
등록일자	1999. 11. 15
등록된 곳	경기도 고양시 일산동구 호수로(백석동) 358-25 동문타워 2차 519호
대표 전화	0505-627-9784
팩스	031-902-5236
홈페이지	www.moabooks.com
이메일	moabooks@hanmail.net
ISBN	979-11-5849-145-1 03190